厚岸のアイヌ

復刻版（改訂版）

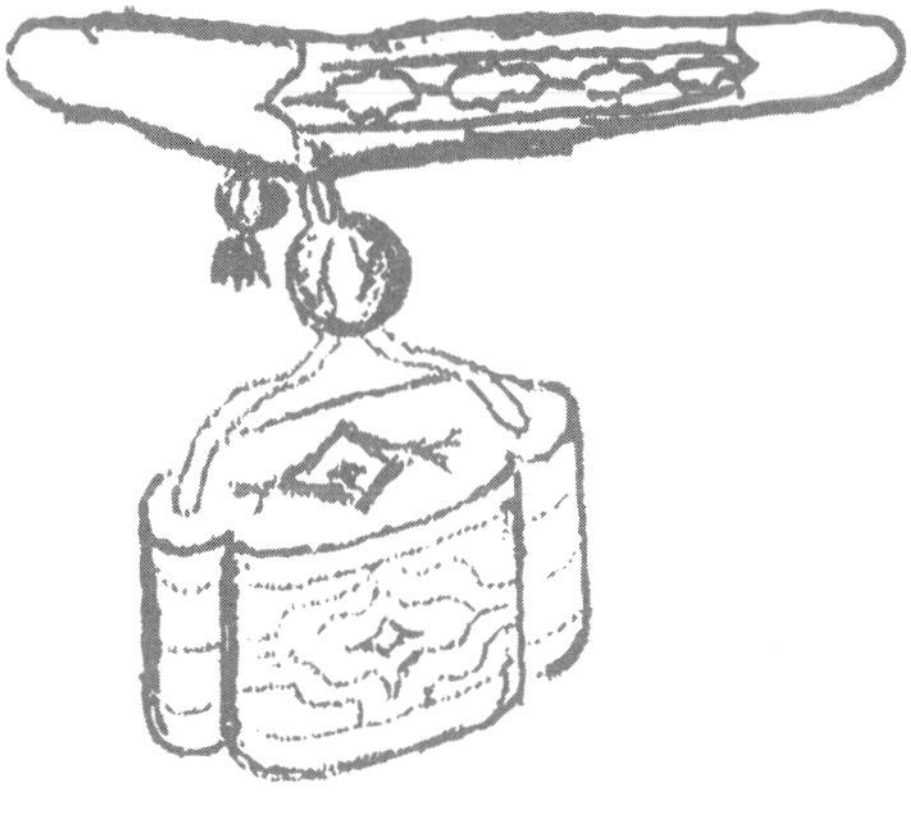

藤田印刷エクセレントブックス

退職校長が愛の置き土産　厚岸

労作のアイヌ史

上尾幌中の佐藤さん　貴重な郷土副読本に

【厚岸】間もなく長い教壇生活に別れを告げ、学校から去って行く老校長が「子供たちのために、最後の仕事を」と釧路管内厚岸町のアイヌ系民族研究に打ち込み続け、最近やっと一冊の副読本にまとめた。三十冊に近い古い文献をあさり、あるいは古老の話を聞いて完成したこの本には、厚岸をひらき、そして迫害の中で散って行った先住民族の姿がわかりやすく描き出され、貴重な郷土副読本となっている。これは、学校教育ひと筋に打ち込んできた現場教師が、愛してやまない子供たちへの最後のすばらしい贈り物だ。

アイヌ系民族の研究に取り組む佐藤校長(上)と「あっけしのアイヌ」

本は「あっけしのアイヌ」。二十四日の終業式を最後に、四十一年間の教員生活に終止符を打つ同町上尾幌中学校の佐藤保治校長(56)が、三年近くかけてまとめた二千字余りの労作。道内全体と厚岸のアイヌ系民族の歴史と現状が古い記録や文献、実地調査などを織りまぜて構成されている。

本はとくに、厚岸地方のアイヌ系民族について焦点を当てているが、その中には安永三年（一七七四年）厚岸、霧多布、国後に場所請負制度誕生いらい、アイヌの給料が一年間一人、米七俵だったこと。一俵は最初十二㌔（当時八升）だったが、九年後には雇用者が勝手に減らしわずか四・五㌔（同三升）になり、中にはマキリ二丁のところもあった。

半面、買わされる品物は高く、米一・五㌔（同一升）が塩ザケ十五本、手ぬぐい一本が同三本、白木綿一反が同二十四本だった—など当時の生活状況を克明に追っている。

また、文化六年（一八〇九年）に出された古文書から厚岸町内に在住していたアイヌ系民族の人数、住居も記録。当時百七十三戸、八百七十四人（男四百十九人、女四百五十五人）いたが、その後、天保十四年（一八四三年）の大津波、弘化三年（一八四六年）の伝染病、そして理由のはっきりしないものも含め、五十年後には四十八戸、二百一人（男九十六人、女百五人）というすさまじい減り方も指摘している。

このほか幕府の同化政策から明治、大正、昭和に至る変遷を資料に基づきわかりやすく書いているが、かつてカキをはじめ豊かな水産物に恵まれアイヌ系民族の楽園だった厚岸も、いま残っているのはわずか三戸。「厚岸の自然に、自由に生きていたアイヌの人々は、いまどこへ消えさったのだろうか。いや、生きている。差別と貧困の中に…」と記して本は終わる。

佐藤校長は、昭和七年鶴居村を振り出しに厚岸、標茶、阿寒各町と終始道東の教育に当たってきた人。「旧旭川師範に在学中、近文のアイヌ系の人たちをみていつかはまとめようと心がけていた。国会で岡田代議士も指摘していたように、アイヌ系民族を取り巻く問題はまだまだ多い。少しでもこの問題を理解してくれればと願って書いた」と同校長はいっていた。退職後の標茶町塘路に腰を落ちつけ、アイヌ系民族の人々と仲よく暮らすことになっている。

北海道新聞（夕刊）昭和48年（1973年）3月16日記事

『厚岸のアイヌ』について

ペウレ・ウタリの会会員　大野　徹人

(1)この本について

この冊子は、かつて長年道東で教員として勤務された佐藤保治さんがまとめたものである。初版は一九七三(昭和四十八)年三月に発刊され『あっけしのアイヌ』と題されており、学校での副読本として使われることを目的に編纂された。

この本の紹介記事が、北海道新聞一九七三年三月十六日夕刊で大きく掲載され、その反響が大きかったことから送付依頼の手紙が佐藤さんのもとに届いたとのことである。そこで翌年三月、佐藤さんは題名を『厚岸のアイヌ』と漢字表記に改めた上で再刊した。表紙には「中学校補助教材」という文言が冠され、アイヌの煙草入れ(タンパクオプ)の絵が配されている。

それぞれ何部発行されたかは不明であるが、分かっている範囲では初版本は北海道立図書館にのみ所蔵されており、再販本は道内のいくつかの図書館に所蔵されている。

今回復刻した再販本は、B5版ガリ版刷りで佐藤さんによると思われる手書きの丁寧な文字で綴られている約六十ページの冊子であり、ホッチキスで綴じられていた。

(2) 佐藤保治さんについて

この本の著者、佐藤保治《やすじ》さんは一九一二(明治四十五)年、宮城県の出身で、一九三二(昭和七)年旭川師範学校(北海道教育大学旭川校)を卒業し、鶴居村幌呂尋常小学校で訓導として勤務したのを皮切りに、釧路、阿寒、標茶、厚岸の小中学校に教員として勤務され、一九七三年に厚岸の上尾幌中学校で校長として勤務したのを最後に定年退職することになった。

佐藤保治さん
1994年、太宰府天満宮にて

佐藤さんは退職後、標茶町塘路に移り住み、二〇〇五(平成十七)年一月三十一日に九十三歳でお亡くなりになっている。

北海道新聞の記事によると、佐藤さんは旭川時代、近文アイヌと接することがあったらしく、それがいつかアイヌについて著述をまとめたいという思いにつながっていたようである。また、佐藤さんは『厚岸町史』の編纂に関わったことがあり、その中で厚岸の歴史は和人の歴史が中心で、アイヌの歴史については紙片が少ないことを疑問に思ったという。そういったことがこの本を書いた動機となったそうである。なお、私の知る限り佐藤さんがアイヌについて残された著作はこの一冊のみである。

(3) 厚岸アイヌの歴史

厚岸には古い時代からアイヌ民族がコタンを形成し暮らしてきたが、この冊子での叙述の通り、この地域は場所請負制のもと圧政の影響で人口が激減した。一七八九年のクナシリ・メナシの戦いで蜂起した若者たちに投降を呼びかけたイコトイの出身地としても有名である。

また厚岸には早い時期から和人の定住が見られ、幕府が建立した仏教寺院である蝦夷三官寺のひとつ国泰寺が建立されたことからも分かるように、和人文化の影響が強かったと思われる。

厚岸には現在「厚岸かぐら」と呼ばれている郷土芸能があるが、これはもともと「アイヌ神楽」と呼ばれていたもので、江戸時代末期に南部藩より厚岸アイヌに伝えられ、それが伝承されてきたものである。戦後伝承者が減少したことから、「厚岸かぐら保存会」が設立され、町の郷土芸能として現在も伝承されている。

(4)この本の復刻の経緯

私は以前より、釧路地方のアイヌ民族の文化や歴史について関心があり、さまざまな資料を見ながら調べてきた。厚岸アイヌについてはあまり資料がなかったが、吉田巌らによる若干の記録を調べたり、アイヌ神楽に関する資料を集めたりもしてきた。

そして以前、北海道立図書館でこの本の初刊本を見つけてぱらりとめくったことがあったが、時間がなくゆっくり読むことができないままであった。

ところが、二〇一九年になって北海道のとある街に住む知人が自分のルーツを調べているとのことで、資料調査を手伝ったことがあった。その結果、その人の先祖は厚岸アイヌであることが分かった。そういったことで、改めて厚岸アイヌの歴史について調べることになり、この本を手に入れ改めて読むことになった。

前言を読めば分かるように、佐藤さんは深い思いとともに厚岸の先駆者であるアイヌ民族への差別の解消を願ってこの冊子を執筆したのである。私は、佐藤さんの人間としての誠実な思いに胸が熱くなった。

佐藤さんは、学校教育においてきちんとアイヌ民族について教えることが差別の解消につながると信じていた。当時は今以上にアイヌについてタブー視する雰囲気もあったであろうが、それを克服したいとの思いでこの本をまとめたのであろう。

そしてこの本は、学校教育の場で使う目的で執筆されたものではあるが、それだけでなく広く一般の人が厚岸アイヌの歴史を知るための資料として貴重なものである。

私は、この本を何らかの形で再び世に出すことはできないかと考えた。そこで、釧路アイヌ文化懇話会に話を持ちかけたところ、話が進み懇話会からこの本を復刻してくれることとなった。

(5) 復刻について

この本は、一九七四年の再刊本をもとにしている。原本では字が不鮮明な箇所も多く、そのまま復刻するのではなく、活字化して復刻することとなった。

翻刻にあたり、原本における、明らかな誤字、書名などの間違いは修正し、年号の間違いや欠落、目次と本文の見出しの食い違いなどを補正した。

また、アイヌ語の地名、人名、用語の中の促音・拗音は、「アッケシ」「コシヤマイン」などと、ほぼすべて大きな文字で書かれているが、読みやすさを考え、実際の発音に即し、「アッケシ」「コシャマイン」などと小さい文字を使って表記した。ただし、濁点・半濁点については、そのままにしてあるので、箇所によって書き方が違ったりしており、不統一があるので、留意されたい。

巻末の地名図は、何らかの過去の記録を、佐藤さんが書き写して作成したものと思われるが、不正確もしくは誤記と思われるものも見られる。これらは、促音・拗音をのぞいては、そのままにしてある。

なお、五十三頁に「日高のシラオイ(白老)」などと書いてある箇所があるが、白老は胆振に属すので誤記である。これについてはルビに「ママ」と付した。

また、個人のプライバシーに関わる一部の記述は割愛した。

この本の記述の中には佐藤さんの思い違いや勘違いもあるかもしれないし、その後の研究の進展もある。この本の内容を検証する作業は今後の課題である。

原著には『あっけしのアイヌ　資料集』と題された資料集が付されており、十五項目にわたり、この本の記述に関わる古文献からの引用が集められているが、これも割愛した。

（6）最後に

この本の最後で、佐藤さんは各地に散らばって暮らしている厚岸アイヌの末裔たちに呼びかけている。この呼びかけに応える人が将来必ずや現れるであろう。

なお、ここの「チャアラケ」とは、現在「チャランケ」と書かれる言葉で「談判」と訳される。ただし、古い文献では「ちやあらけ」「チヤーラケ」などと書かれ、「切口上」などと説明されている。最上徳内の『蝦夷草紙』では、アッケシの乙名イコトイが、エトロフの乙名マウテカアイノに再会し、「チヤーラケ」を交わしたとある。佐藤さんはこの意味でこの言葉を使っておられると思われる。

この本の復刻により、厚岸アイヌの歴史について関心を持つ人が増えるきっかけになることを期待したい。

そして、このような心のこもった冊子を発刊してくれた佐藤保治さんに心からの感謝と敬意を表しご冥福をお祈りしたい。さらに本書の復刻を承諾して下さったご遺族にも感謝したい。この冊子を復刻し広く読まれることによって、佐藤さんも喜んでくれるのではないかと想像している。

厚岸のアイヌ　復刻版（改訂版）＊目次

第三章　厚岸のアイヌ……47

アイヌの歌人　違星北斗の短歌

その土地のアイヌはみんな死にたえて
　アイヌのことを　シャモにきくのか

アヌタリーの墓地でありしという山も
　とむらう人なき　くまざさのやぶ

我ながら毛むくじゃらなるつらをなで
　鏡をふせて　にが笑いする

シャモという小さな殻で化石した
　優越感で　アイヌ見にくる

アイヌがなぜほろびたろうと空想の
　夢からさめて　泣いた一夜さ

アイヌとは　われでありなんじであり同格の条件に存在する人間をさすことばである（アイヌの歴史　三好文夫著）

本書では右の意からアイヌということばを使い、和人に対してアイヌ人としました。

コタンの代表者コタン・コロクルは首長としました。コタンコロクルはコタンの人々によって、かしこくて実力のある人が選ばれました。

明治以前はアイヌを　えみし・えぞ・夷人・土人などと呼び、明治以後は　土人・旧土人・古民と呼ばれ、ウタリとも呼んでいます。ウタリは同族とか仲間という意で、アイヌという語がさげすんで呼ばれるようになったので、ウタリになったようです。

アイヌとは人の上に人を作らず　人の下に人を作らない　真に平等な意味を持つ人という意です。その意味を理解して使っていきたいと思います。

前言

民主主義国家にとって、基本的人権を認め差別をしないということは、もっとも大切なことです。わたしたちはそのような人として、生きようと心がけています。

したがって、ベトナム戦争の悲惨さに、言い知れぬ悲しみを感じたり、イスラエルとアラブ諸国の果てしない抗争に、人種や宗教上の争いのすさまじさに驚いたり、あるいはまた、アフリカ諸国の人びとの生活程度の低さに同情したり、アメリカのインデアンや黒人に対する差別感に憤激したりしています。

しかし、わたしたちのすぐそばで、日常行なわれている人種差別を、深く考えたことがあるでしょうか。

北海道にも人種差別はあるのです。それはアイヌ人に対する差別です。昨年旭川市で起きた「風雪の群像」爆破事件を知っていますか。また、札幌市で行なわれた「アイヌについてのシンポジューム」での、アイヌ人の抗議のあったことも知っていますか。

今年の一月二十一日に、札幌市で「全国アイヌの語る会」が開かれました。この会にはアイヌ人のみが集まって、差別や貧困について発表しあい、「旧土人保護法」や「ウタリ協会」

などについても、熱心に討議されました。このようにアイヌ人は、人種的偏見からくる差別に対して、わたしたちが考えられないほどの深い苦しみと、強いいきどおりを持って、それを改めることを心の底から望んでいます。

今までの学校教育では、アイヌ民族についての問題はできるだけ避けるようにしてきました。どの教科書にもほとんど書かれておりません。だが、こんな事で良いのでしょうか。正しく知ることによってこそ、人種的偏見を改め、差別感をぬぐい去ることができるのではないでしょうか。

わたし自身もひそかにアイヌの人びとを心にかけながら、なんらなすこと無く過ごしてきました。わたしの知人にも、教え子の中にも、アイヌ民族の血を受けた人びとがたくさんおります。わたしはそれらの人びとと接しながら、ただ静かに見つめていたに過ぎません。

昭和四十五年にこの学校に赴任してから、厚岸町史の編さんを手伝うことになり、資料を調査しているうちに、厚岸の基礎を作ったのは、アイヌ人であることを知りました。そしてまた、その人たちの他人を疑うことを知らない、人間愛にあふれた心情に、強く心を打たれました。しかも現在では、明治以来移住した和人の波にのみこまれて、大半のアイヌ人の消息は不明になっていることも知りました。

わたしは、四十一年間の教員生活をおわるにあたって「厚岸のアイヌ」を編さんし、それらの人びとの生活の歴史を知らせ、アイヌ民族の姿をさぐらせるために、それを使用して授業をすることにしました。これが今までなんらなすことも無く過ごしてきた罪の、せめてものつぐないの一端になるのではないかと思うからです。

この副教材は調査不充分ですし、資料の多くは和人の手になるものですので、アイヌ人の真実の姿を見い出すことは困難です。しかし、みなさんがこれによって、少しでもアイヌ民族のことが理解され、アイヌ人となんらわだかまりなく、たがいにひとりの人間どうしとして、接することができるきっかけともなれば、まことに幸いだと思います。

昭和四十八年二月　　日

厚岸郡厚岸町立上尾幌中学校長　　佐藤保治

第一章　釧路・厚岸の生成と遺跡

一　釧路・厚岸の生成

今から約二万年前、最後の氷河期といわれるウルム氷河期時代は、釧路では少くも八m以上も海面が下がり、厚岸線は今より十三㎞ほど、沖合いにあったといわれています。厚岸は、大黒島や小島などは大陸の一部で、厚岸湖はいうまでもなく、厚岸湾も形成されていませんでした。古ペカンペウシ川は、今の湖や湾をとおって、はるか沖合いまで流れていたといわれます。

気温が上昇するにつれて、氷河がとけて海水が多くなり、陸地に向かって進んでくるようになります。このような現象を海進といい、またその反対の現象を海退といいます。

今から約六千年前ごろは、海進が最高調に達しました。これを縄文海進と名づけていま す。そのころになると釧路では、海水面が今よりも五mほど高くなり、今の釧路湿原は、東は別保市街、西は桜田を越え、北は五十石まで海となって、釧路潟を形成しました。

厚岸では、厚岸湾や厚岸湖ができました。しかし大黒島や小島はピリカウタに連なり、厚岸湾口は今より小さかったといいます。

その後再び気温が下がりだして、海水が少なくなり海退が始まりました。それによって釧路湿原が泥炭地化したのは、今から約三千年前ごろだといわれます。

厚岸でも海退や地盤の沈降があって、約二千年前ごろに大黒島や小島が、大陸から分離し、厚岸湖はかん水化したといわれています。

もし地盤の沈降が無かったら、湖はベカンベ川などによって土砂でうずまり、釧路湿原のように泥炭地化したことでしょう。

二　釧路の遺跡

十勝支庁管内の上士幌遺跡の深いローム層の中から、二万年から二万五千年前の、ウルム氷河期ごろと思われる石器が発見されています。

釧路川を中心として今まで発見された遺跡は、約百五十か所以上もあるが、今のところもっとも古い出土品は、約八千年前の「縄文文化時代」早期のものです。しかし学者の中には、約一万二千年前の「先土器時代」の石器も発見されたという人もいるが、正式に確認されていません。

縄文文化時代早期の遺跡

釧路湿原のまわりの台地に散在していて、虹別・弟子屈・阿寒などの内陸にはありません。その多くは釧路川流域に集中しています。

出土する土器は、平底の鉢形で、古い時期のものと新しい時期のものと二種類あります。また石刃鏃といわれる小形の石やじりのような石器も出土しています。

貝塚も発見されていますが、釧路湿原の西から北にかけての台地にあたる、大楽毛や鶴居には発見されていません。なお漁網用に使用されたと思われる石おもりも出土しています。

縄文文化時代前期と中期の遺跡

縄文文化時代早期に海進のあった釧路の低地は、前期ごろになるとその大部分が海になり、この状態は中期まで続きました。

この時代も貝塚は東側の台地に集中し、西側には一か所も発見されていません。

土器は平底鉢形でなく、押形文様を特徴とする尖底土器が出土されます。この土器は北海道では根室・釧路・網走・斜里・十勝の、道東地方の限られた地域に集中しています。

貝塚には、貝類のほかに魚類・鳥類・獣類の骨が多く出土されます。特に獣類ではイルカ・トド・アシカ・オットセイなど、海にすむものが多く、クマやシカは少ない。また魚類は暖流にすむ魚が多いようです。これによりますと、当時の人たちは海の資源を主として生活していたことや、釧路の沿岸は暖流が強かったことなどがわかります。

縄文文化時代後期と晩期の遺跡

釧路湿原をおおっていた海水面は後退して、現在に近い状態になりました。遺跡は海に関係のない内陸地帯にも分布しています。

晩期には、川口や川の合流点に分布することが多くなり、サケなど川でとれる魚や、クマ・シカなどを食料とすることが多くなったようです。

このごろの土器は、多形土器期といわれるように、深鉢・浅鉢・つぼ・注口土器など、さまざまな形のものが出土しています。

縄文文化以降の遺跡

続縄文文化時代を過ぎて擦文文化時代になると、釧路川流域のいたるところに、住居あとの竪穴群が残っています。多いところでは一か所に三百近くあるところもあります。これは同じ時期に造られたものではなくて、長期間にわたって何回にも造られたものです。

これらの竪穴群は、川すじから川すじにかけて多く見られます。これは川を利用して上流から下流へ、また、下流から上流へと往来していたことを、物語っています。

三　厚岸の遺跡

厚岸の遺跡は、厚岸湖周辺を中心に、二十か所以上発見されています。

宮園町公営住宅建設工事の、土取り作業中に発見された宮園遺跡からは、縄文文化時代早期といわれる東釧路Ⅲ式土器や、中期の北筒Ⅱ式、それに後期のおわりごろと、晩期初頭にあたる土器が出土しました。

厚岸湖東岸の神居岩下田の沢の遺跡からは、続縄文文化時代の前北式土器や、擦文文化時代の土器、それにオホーツク式土器が出土していますし、その最上層からは近世アイヌの住んだ竪穴も発見されています。

遺跡からみると、北海道には二万年以上前から人間が住んでいますし、釧路地方では約一万年以前からと思われます。しかし新らしい出土品によって、まだまだむかしから住んでいたことが、わかるかも知れません。

それらの人びとは同一民族ではありません。とにかく長い間に種々の民族が、さまざまの方面から北海道に渡来してきたのでしょう。

考古学者の中には、縄文文化時代の人びとをプレアイヌ（前アイヌ）、擦文文化時代の人びとをプロトアイヌ（原アイヌ）と分類し、アイヌ文化を形成したのは、鎌倉時代すなわち今から約七百年前ごろからだといってる人もいます。

釧路・厚岸地方遺跡年代表

年　代	文　化	遺　跡　地
10,000前	先土器時代	
8,000	縄文文化時代 草創期 〃	釧路市沼尻・東釧路第１・第２・北陽高校々庭・大楽毛Ⅱ・Ⅲ 釧路村テンネル・白糠町中庶路・標茶町コッタロ・ルルラン・五十石 二ツ山Ⅰ・Ⅱ
6,000	早　期 〃	厚岸町宮園 釧路市東釧路Ⅰ・北斗・釧路村細岡
5,000	前　期 〃	厚岸町宮園 釧路市武佐・丸松・緑ヶ岡・釧路村細岡
4,000	中　期 〃	厚岸町宮園 阿寒町阿寒湖畔・標茶町五十石・塘路湖畔・弟子屈町下鐺別 鶴居村下雪裡・釧路市大楽毛・武佐
3,000	後　期 〃	厚岸町宮園 釧路市ヌサマイ・緑ヶ岡 阿寒町殉公碑公園
2,000	晩　期 続縄文文化時代	釧路市緑ヶ岡・ヌサマイ・興津・桂恋 厚岸町下田の沢・末広
	擦文文化時代	釧路市春採台地竪穴群 厚岸町下田の沢・末広
700	アイヌ文化時代	釧路市チャランケチャシ・モシリアチャシ 厚岸町下田の沢

釧路川流域遺跡分布図

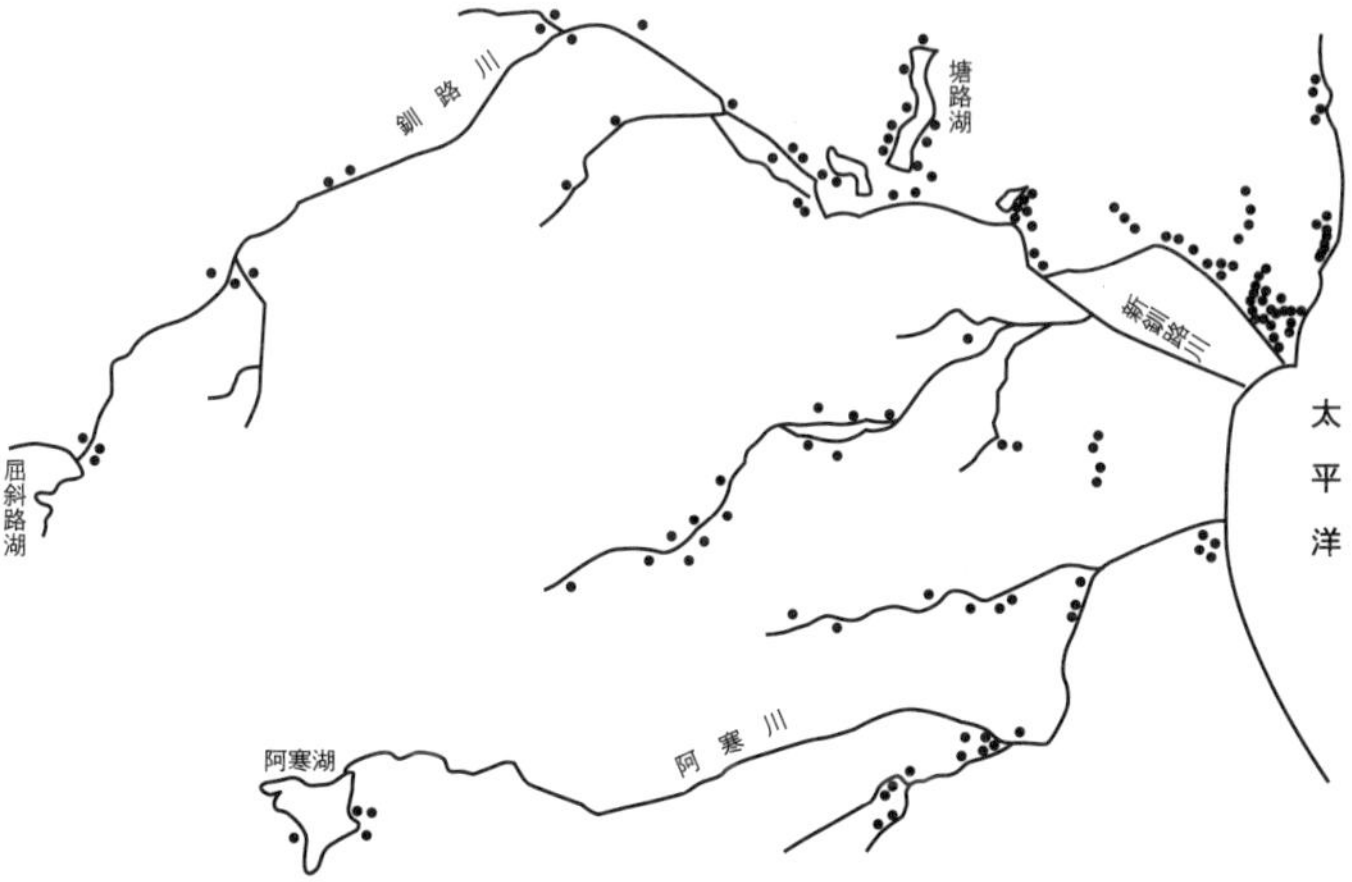

厚岸湖周辺の遺跡

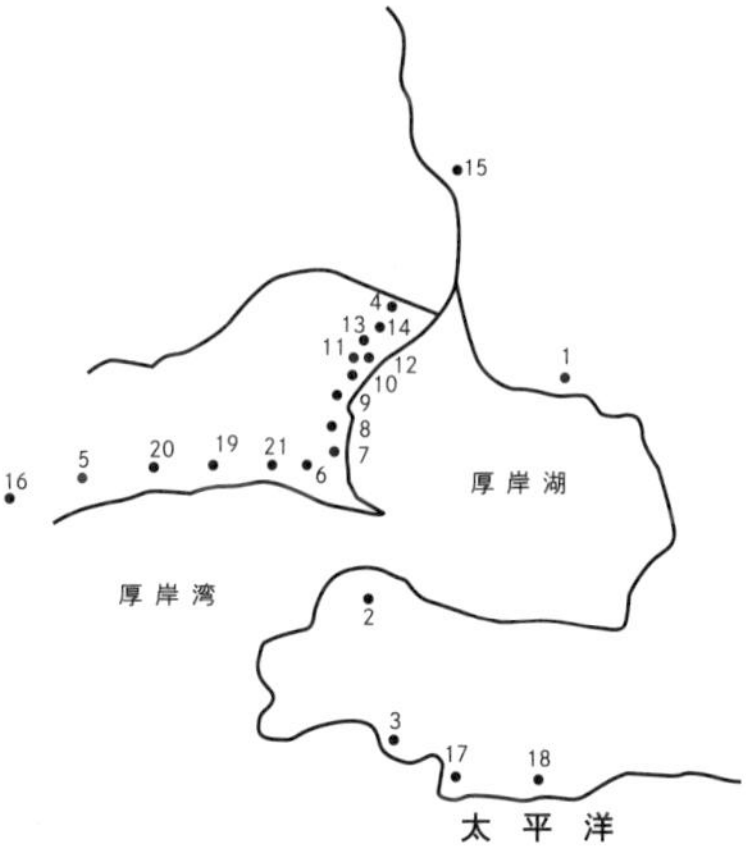

1　神岩遺跡（下田沢を含む）
2　お供山チャシ跡
3　チクシコイチャシ跡
4　尾幌貝塚
5　門静貝塚
6　古城ヶ岡チャシ跡
7　真竜中学校わき貝塚
8　住之江チャシ跡
9　住之江チャシ北貝塚
10　沼の中川遺跡
11　沼の中川チャシ跡
12　沼の中川北チャシ跡
13　住之江町遺跡
14　住之江町貝塚
15　オーベツ貝塚
16　暁善寺遺跡
17　床潭遺跡
18　末広遺跡
19　宮園遺跡
20　潮見高校裏遺跡
21　真竜神社下遺跡

第二章　アイヌ民族の歴史

この章では、アイヌ文化が形成されてから、現在に至るまでの歴史を六期に分けてその特徴をのべ、和人との戦いのうち、重要な意義を持つものについてのべます。

一　アイヌ民族の歴史

第一期　（鎌倉時代十三世紀前後に、アイヌ文化が形成されてから、室町時代中期の十五世紀中ごろまでの期間）

原始社会が解体されて階級分化が進み、政治的な社会が作られ、首長の支配のもとに、コタンが分立したり、連合したりして、アイヌ民族どうしが対立したりしたが、他民族の侵入には共同して対抗しました。またアイヌ文化の形成期でもありました。

しかし、この時代については伝承文字であるユーカラなどによって、その生活を想像するのみですし、和人による記録としては、「諏訪大明神絵詞」など、わずかの文献があるのみで、ほとんど知ることができません。

和人はようやく渡島半島の南端に居住し始めたばかりで、その地方はアイヌ人と和人とまじり合って住んでいましたが、その他のえぞ地(北海道)は、アイヌ民族の自由の天地で、海に山にえものを求めて移動し、天地万物の神に感謝しながら、楽しく生活をしていました。

第二期　(室町時代中期から江戸時代初期の、十七世紀中ごろまでの、約百五十年間)

長禄元(一四五七)年のコシャマインの戦いから、松前氏が江戸幕府の藩体制に編入された慶長九(一六〇四)年までで、松前氏がしだいに勢力を強め、アイヌ民族と対抗したり利用したりして、その勢力を弱めると共に和人と統一して、渡島半島南部に政治権力をきずき、江戸幕府から「えぞ島主」であることを認めさせた時期であります。

しかし、和人の居住地は渡島半島南部の限られた地域で、他はアイヌ民族の自由な土地であった。また和人の商人が西えぞ地(日本海側)を中心に、交易船を出すものがようやくふえてきて、アイヌ人たちとの間で物々交換による交易が、盛んになりつつあるころでした。

第三期（江戸時代初期からシャクシャインの戦いまでの、約五十年間）

各々に場所制度がしかれ渡島半島を中心として商人による場所請負制度もしかれるようになり、交易が盛んになると共に、和人の横暴がはげしくなり、各地でアイヌ人との間に争いが生じてきた。また砂金採取などのため、和人がえぞ地に多くはいりこむにつれて、アイヌ人のむかしからの権利を、おかす者も出てきました。

このようにして、しだいに経済的に支配されるようになり、西えぞ地の日本海側は石狩川口まで、東えぞ地の太平洋側は日高の入口あたりまでが、その影響を強くうけるようになりました。

しかし、行政的にはアイヌ民族にまかされているところが多く、独立性を持っていた。特に釧路から東の奥地には商人の進出も無く、年に一・二度の交易船による交易のみでありました。

第四期（シャクシャインの戦いより、江戸時代末期までの、約二百年間）

寛文九（一六六九）年シャクシャインの戦いや、寛政元（一七八九）年クナシリの戦いなどをへて、すべてのアイヌ民族は松前藩の武力に屈服して、政治的な支配下にはいり、また場所請負制度によって、交易関係から一転してその雇人となり、強制労働による収奪により、アイヌ民族の社会は破滅し、コタンは解体し、人口は病気や災害によって、急減してしまいました。

国防などの理由から二度幕府直轄になりましたが、この大勢はほとんど変化しませんでした。

第五期（明治の始めから昭和二十年までの約八十年間）

長い間の圧政によって、民族的なほこりを無くし、社会的、経済的に自立する能力を失ったアイヌ民族は、和人の北海道移住が多くなるにつれて、狩猟の土地をも失い、完全に社会の落伍者となってしまいました。政府は同化政策をすすめると共に、「旧土人保護法」などによって保護を加えたが、いつしか風俗習慣も言語も失われ、体質的にも和人との混血が多くなり、民族として滅亡のふちに立たされるようになりました。

第六期（昭和二十年以降）

政府のアイヌ民族抹消をはかる同化政策は、政策上からみて成功しつつあった。しかしアイヌ民族にとってはこの上ない屈辱でありました。和人の心にアイヌ民族は劣等民族だという考えが根強く残り、それによる人種差別が、あらゆる場面で行なわれ、アイヌ人が社会生活を営むのに、大きな障害となっていました。

新憲法が公布され、平和な民主主義国家として、その基礎となる基本的人権を守ることは、アイヌ人にもすべてあてはまることです。差別感を無くし、アイヌ民族としてのほこりを持ちうるように努めることが、この時代の課題であります。

二　アイヌ民族の戦い

コシャマインの戦い

鎌倉時代のおわりごろになって、東北地方北部の武士たちが、渡島半島の南部に侵入し、十五世紀ごろには周辺の和人たちを従え、小領主となって館をかまえていました。これらの小領主たちは、津軽（青森県）の安東氏に服していましたが、たがいに勢力を争っていました。

このころになると渡島半島南部には、かなりの和人が移住して、アイヌ人とまじりあって生活していました。

アイヌ人は鉄製の利器を和人から物々交換で購入したりしました。その交換条件は一本のマキリでも大変高価で、おそらく獣皮何十枚ということだったかも知れません。しかも品質もアイヌ人となると粗悪なものもあったと思われます。

1	花沢館	7	穏内館
2	比石館	8	脇本館
3	原口館	9	中野館
4	弥保田館	10	茂別館
5	大館	11	箱館
6	覃部館	12	志苔館

康正二（一四五六）年春、志苔の和人のかじ屋で、アイヌの青年オッカイが、おそらく前にのべたようなことが原因だったのでしょう。口論のはてに、和人のかじ屋に殺されてしまいました。

これが直接の原因になって、

コシャマインの戦いが始まりました。これは和人の居住する者が多くなり、小領主も乱立し武器をかまえ、交易でアイヌ人をごまかすばかりか、その領地にも侵入するようになったので、アイヌ人は誰もが憤激しておったと思われます。

それがこの事件によって爆発し、アイヌ民族の生活権を守り、民族としてのほこりを保つために、戦われたと考えられます。

この事件のあった翌年の長禄元(一四五七)年五月、東部の大首長コシャマインは、和人をえぞ地から追いはらうことを目的として、軍を率いて和人の館をつぎつぎと攻め落とし、残ったのは茂別館と、武田信広の守る花沢館のみとなりました。

ところがふしぎなことに、コシャマイン父子は信広の矢に射られて、殺されたと伝えられています。だが、真実は不明ですが、おそらくは武田信広がうその和睦をもちかけ、コシャマインらを謀殺したのではないでしょうか。

コシャマインの戦いは破れました。しかしその後もアイヌ民族は、何度も戦っています。文明三(一四七一)年、永正九(一五一二)年にも戦いました。

武田氏は蛎崎氏を名乗り、永正十一(一五一四)年大館に映り、えぞ地領主として安東氏より一任され、えぞ地の実権をにぎりました。その翌年の永正十二年から十五年の間に、アイヌ民族の戦いは五回もありました。しかし、その最後はいつも、うその和睦により、そのゆだんをつかれて敗れています。

こうして蛎崎氏は大館を中心とする渡島半島に君臨して、アイヌモシリ支配の根拠を作り、四百年間にわたる支配の足場をきずきました。

その後蛎崎氏はアイヌ民族と戦う不利をさとり、和睦政策をとり、東西のアイヌ民族と講和し、セタナイの首長ハシタインを、上ノ国天川地方におき、西夷の首長とし、シリウチの首長チコモタインを東夷の首長とし、和人の商船から「夷役」と称する税を徴集して、両首長に分配したりしました。

シャクシャインの戦い

慶長九（一六〇四）年正月、江戸幕府の創始者徳川家康から「黒印」の制書をうけ、松前氏は「えぞ交易」の独占を許されました。この権利によって松前氏はアイヌ人との交易を行ない、それによる利益で藩の財政にあてました。

松前藩では身分の高い家臣に、えぞ地の場所を分けて知行地として与えました。知行地を与えられた家臣は、毎年夏になると交易船を出して、持場所のアイヌ人と交易を行ないました。

また厚岸場所のように重要な地域は、藩の直領地として、夏になると役人がやってきて交易をしました。

年月がたつにつれて、交易品の品質を悪くしたり、はかりの量をごまかしたりするようになりました。たとえば米一俵が二斗（三〇kg）だったのが、いつしか八升（一二kg）になったり、また、串貝が一束でも不足すると、翌年はその代償として二十束もとられたり、もし出せないと子どもを質にとられるようなこともありました。

また、交易のみでなく、交易にきた和人自らが漁猟に従事するようになり、アイヌ人の昔からの河川の漁業権を奪うようにもなりました。アイヌ人はがまんできなくなって、松前に出かけて訴えたりすると、「許可なく他の地方に往来することを禁じているのに、その禁令を犯した。」として、かえて罰せられたりしました。

産物が増加するにつれて、知行主はサケやナマコの漁業や、タカ猟・砂金採取などの許可をとって、漁業に従事する者や、タカ猟・砂金取りの和人が、えぞ地の各場所にはいりこむようになり、それらの和人の横暴はますますひどくなっていきました。

そのころ、日高のシブチャリ川（静内川）流域に勢力のあった首長シャクシャインは、その領内に和人を一歩も入れず、もし侵入する者があったら、きびしく罰するという態度を持っていました。

一方、日高のサル川（沙流川）流域に勢力のある首長オニビシは、和人文化を吸収して平和共存を夢みていました。

この両者の争いは、ニイカップ川沿岸の漁猟権争いとなり、長い間戦われました。一説には和人の策謀による争いともいわれています。

シブチャリ川の上流に砂金場が開かれ、文四郎という坑首がその砂金場を広げようとし

シャクシャインの戦い関係図

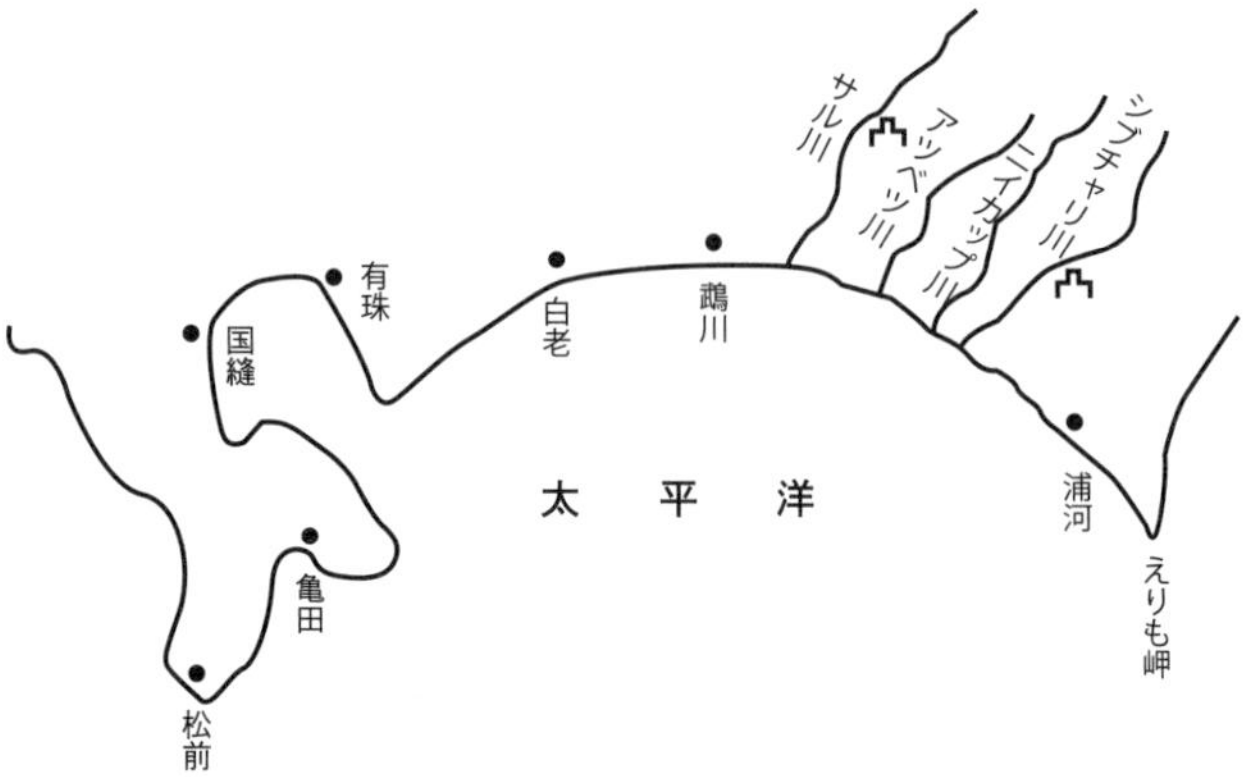

ました。しかしシャクシャインはそれによって神聖な川がにごり、サケ漁が減少するのを恐れて、許しませんでした。

そこで文四郎はオニビシをおだてて、シャクシャインを討たせようとしました。

寛文八（一六六八）年四月、シャクシャインはついにオニビシをうち平らげました。

シャクシャインはその勢いに乗じて、長い間横暴の限りをつくした和人を一掃しようと考え、翌年の寛文九年六月、松前から例年のように、鷹匠船や商船が派遣されてきたのをみて、乗組員を殺し、積荷を奪い、各地方のアイヌコタンに使者を送って、松前に攻めのぼって和人を一掃しなければ、アイヌは滅亡すると説得しました。

これに応じて各地のアイヌ人は、シャクシャインと共に戦うことになり、和人をおそって殺したりしました。

東えぞ地では白糠まで、西えぞ地では増毛までのアイヌ人が参加し、東えぞ地では十一隻の船がおそわれ、百二十人が殺された。また西えぞ地では八隻の船がおそわれ、百五十三人が殺されたといいます。

シャクシャイン軍は勢いに乗じて、クンヌイ(国縫)まで迫りましたが、弓矢では鉄砲に勝てず、シブチャリに退却し、十月二十三日夜、和睦の祝宴だといつわって酒をのまされ、謀殺されてしまいました。

いま、日高静内町にのこるシャクシャインチャシに、「豪傑シャクシャインの像」が建てられています。

この戦いがおわると、太平洋岸の東えぞ地は浦河まで「日本海岸の西えぞ地は増毛付近までのアイヌ人は、すべて松前藩に服従し、起請文を出して神に誓って孫子の代まで服従することを誓いました。

この時の起請文の内容は、次のようなことです。

1. 松前のとのさまには、神に誓って孫子の代まで服従します。
2. 公用でも私用でも、和人が来たら心からお世話致します。
3. 交易はきめられた場所でするし、他国（おもにロシア）とは決して致しません。
4. 米一俵につき、干ザケ百本（五束）、皮五枚とします。また豊漁の時は多くします。
5. とのさまのご用があったら、昼夜をわかたず、進んでその仕事を致します。

なお、この戦いには釧路より奥地のアイヌ人は参加しませんでしたが、後に松前藩に同じような誓詞を出して服従することを誓いました。

しかし、アイヌコタンの生活は、その後もアイヌ人の自治が許されているところが多く、特に厚岸から東のアイヌ人は、経済的なことで和人と結びついてはいましたが、その他は民族としての独立をたもっていました。

クナシリの戦い

シャクシャインの戦いがおわって三十年ぐらいたった千七百年代になりますと、「場所請負制度」がえぞ地全域に行なわれるようになりました。

場所請負制度というのは、藩や知行主が場所の経済活動を商人にまかせ、場所代として運上金を納めさせる制度でした。

請負人も始めは交易のみを行なっていましたが、後には自ら漁業を営むようになり、アイヌ人を雇って働らかせるようになりました。

そのために首長としての乙名の下に小使という役をおいて、人びとを集めたり、仕事の割あてをしたりさせました。

請負人は場所ごとに運上屋を設け、支配人・帳役・通辞・それに番人をおいて監督させました。

アッケシ・キリタップ・クナシリの三場所は、エトモ（室蘭）場所とともに、安永三（一七七四）年に飛騨屋久兵衛が、二十年間請負うことになりました。そのころのキリタップ場所の交易は、根室のノッカマップで行なわれていました。

シャクシャインの戦いの後も、石狩の総首長ハウカセのように、起請文の押しつけを拒絶した人もありました。特に、松前から遠い厚岸以東には、剛強な人物が多くいて、元文二（一七三七）年キリタップの騒動・宝暦八（一七五八）年ノシャップの乙名シクフらの西えぞ地宗谷への襲撃などがありました。

クナシリの戦い関係図

クナシリのトウブイの乙名ツキノエは、身長が一m八十以上もあって、剛勇の名も高く、その強さは近隣を圧倒しておりました。

安永三年に松前藩の交易船がクナシリに派遣されるも、ツキノエは反抗して、場所請負人の荷物まで取りあげてしまいました。そのため長い間交易船の派遣が中止され、ようやく八年ぶりで天明二（一七八二）年になって再開されました。

そのころすでに、ロシア船が千島列島に沿って南下していて、アイヌ人はロシア人とも接触していたようですし、安永八（一七七九）年にはロシア船が厚岸のチクシコイに来て交易を求めたりしました。

そのため飛騨屋は場所の交易ができなかったり、また難破する船が多かったりして、経営がおもわしくいきませんでした。

そのために交易条件を悪くしたり、アイヌ人の労働をきびしくしたりするようになりました。

そのころのクナシリ場所の漁場では、マスやサケをとり、それをしぼって魚油と魚粕にするのが仕事でした。

だんだんと労働が強化され、年中雇いのようになって厳冬のせまるぎりぎりまで続けられるようになり、自分たちの冬分の食糧をたくわえることもかえることもできなくなりました。

それほど働いても給料はほとんど無給といっても、言い過ぎでないようなありさまでした。

たとえば、他の場所では男で米七俵から八俵と、たばこが二十ぱが普通でしたが、クナシリでは米一俵か二俵でしたし、対岸のメナシ（今の標津・羅臼）では、たばこ半ばに、マキリ一ちょうだったといいます。しかも米一俵といっても、天明三（一七八三）年にはわずかに、三升（四・五kg）に過ぎませんでした。

したがって漁業期間中は、朝早くから夜おそくまで牛馬のように働かされて、一日におわん一ぱいのおかゆを食べながらがんばっても、その漁業終了の時の給料は、前に述べたようなありさまでした。しかも冬になって仕事が無くなると、一わんのおかゆにもありつけない状態でした。

それでも働ける者はどうにか生きのびることができましたが、老人や子どもたちは悲惨なもので、そのころサハリンやメナシのアイヌ人が、数百人もうえ死にしたと記録されています。

このように奴隷にもおとる労働ばかりでなく、乱暴な番人たちの中には、アイヌ人の物を平気で持ち去ったり、女の人を犯して「めかけ」にしたり、また、「お前たちを毒殺したり、かまゆでにして殺すぞ」とおどしたりしていました。

クナシリの戦いは、このような場所請負人飛騨屋の鬼のようなあつかいによって、死の一歩前に追いつめられた人びとの、止むに止まれない反抗であったのであります。

そのきっかけとなったのは、フルカマップの首長マメキリの妻が、運上屋で食事後に死んだり、トマリの首長サンキチが、病気見舞に運上屋からもらった酒をのんで死んだことなどが、毒殺と判断したためといわれています。

マメキリやサンキチのむすこホニシアイノは、寛政元（一七八九）年五月七日、クナシリのトマリの運上屋をおそって、お目付役竹田勘平以下八人を殺し、マメキライ・トウフイ・フルカマップで合計十三人の番人らを殺し、野付水道を渡ってメナシに上陸し、総勢二百余人となり、シベツ・チュウルイ・コタヌカ・クンネベツ・サキムイ・オロマプをおそって、合計三十六人を殺し、さらにチュウルイ沖に泊っている飛騨屋の大通丸をおそって十三人を殺しました。

ただし、アイヌ人をいたわっていた南部（岩手県）大畑村の伝七と吉兵衛の二人は、殺されずにアッケシに送りとどけられました。

アッケシの首長イコトイは、その当時エトロフ島のシャナにいましたし、クナシリの首長ツキノエもシャナにいました。この二人はこの戦いには参加しないで、その収拾に努力しました。

この二人やノサップの乙名の説得にしたがって、戦いに参加した二百余名の人びとは、松前藩の処置を待ちました。

松前藩の討伐軍は七月八日根室半島のノッカマップに着き、七月二十一日に首謀者とみられたマメキリ・ホニシアイノ、それにツキノエのむすこセツハヤら三十七人を処刑し、死罪としました。

その死罪の状況は悲惨をきわめ、刑場に集まったアイヌ人全員によって、のろいの声といわれるペウタンケがおこり、人びとの底知れない不満の意を示したといわれます。しかしそうした状況を沈黙させたのは、討伐軍の鉄砲でありました。

死罪者のうち八人の首は、福山に送られて「さらし首」とされ、他は刑場に捨てられました。

寛政の戦いの後、飛騨屋は場所請負人を止めさせられて、村山伝兵衛が任命されました。また十年後の寛政十一（一七九九）年からは幕府直轄となり、撫育を中心とする同化政策がとられるようになりました。

アイヌモシリ奪還の悲願をこめた戦いは、いずれも無惨な敗北となり、和人の武力と経済力とによって、アイヌ民族は奴隷化され、滅亡のふちに立たされていきました。

第三章　厚岸のアイヌ

一　厚岸場所開設のころ

厚岸の名が文献に始めて記録されたのは、今から約三百五十年ほど前の寛永年間で、松前藩がアッケシ場所を開設したという記録があるのみで、寛永何年かはっきりしません。場所というのは商場ともいって、アイヌ人との交易のため設けられたもので、アッケシ場所の範囲は、今の釧路支庁に根室支庁、それに千島列島の南部を加えた地域でしたが、後には今の厚岸町と浜中町程度の地域になりました。

初めのころは、夏になって年一度の松前藩の交易船が厚岸に入港すると、場所内の沿岸の各地から、アイヌ人が舟でやってきて、魚類や獣類などの産物を持参し、交易船の持参した品物と交換していました。いわば物々交換で、対等の形で行なわれました。

アッケシ場所は松前藩の直領でありました。開設といっても藩の役人や和人が、厚岸に定住したのではありません。交易船が来港した期間中居るのみで、厚岸のコタンは首長の統治によって、昔のままの生活をしていました。

厚岸湖のカキ島の伝説や、貝塚から出るカキ貝に見られるように、厚岸はカキを始め豊富な自然の食料資源に恵まれていました。

したがって時には各地のアイヌ人が食料を求めて、攻めよせることもあったようです。奔渡町のオソナイ山にあるオンコの巨木は、老婆ツクニがオソナイ山のチャシにこもって、攻めよせる敵と勇ましく戦い、手にしていたオンコの枝をさかさに地中に突きさしたのが、根をおろしたものだと言い伝えられています。

また、さきに述べた厚岸湖のカキ島の伝説によると、クナシリ島のチャチャ山との関係がわかり、昔から厚岸のアイヌが遠くクナシリやエトロフまで出漁し、その途中にあるユルリ・モユルリ・アキロ・ハルカモシリ・シポツ・タラウクの六つの島は、厚岸アイヌと根室アイヌの入会関係になっていたようです。

内陸では厚岸から根室への陸地は平坦ですので、厚岸湖からベカンベ川をのぼるとノコベリベツ（茶内）へ出ますので、そこを通って風蓮川の支流のアンネベツをくだり、風蓮川に出ることができます。この風蓮川と別当賀川の上流は、厚岸アイヌのサケの漁場でした し、下流は根室アイヌの漁場でした。

そのほか大別川や尾幌川も、サケの漁場でサケが川にのぼる秋には、みんなで出かけてサケをとったことでしょう。

オソナイ山の北端の奔渡町でがけの下を工事していましたら、たくさんのシカの骨が出てきました。ここはきっとシカ猟の追い落しをしたところだと思います。厚岸の山々はシカやクマ、それにワシやタカも多く、季節になると人びとは弓矢をもって、えものを追いながら山野をかけめぐったことでしょう。

厚岸はそうした天与の産物に恵まれて、神に感謝をしながら、首長を中心として幸福で平和な生活をすごしておったことでしょう。

二　オランダ船の寄港

寛永二十（一六四三）年八月十六日から十四日間、オランダの探検船カストリクム号が厚岸湾に入港し、船体を修理したり、まきや水を補給したりしました。

この船の入港については、松前藩の役人小山五兵衛から藩に報告されています。

カストリクム号の船長フリースは、厚岸湾をグーデホープ湾（希望湾）と名づけ、その他にもそれぞれ地名をつけています。その船長や船員の見聞記がオランダで発表されています。

その中でお供山のチャシについて

「これは小高いところにあり、そこには急な小道が一本ある。周囲にはわれわれのたけよりやや高いさくがあって、これにはがんじょうな門があり、その中に空屋が二、三軒ある。また見張りとする高い足場もあった。」と述べています。

アイヌ人の風俗については、

「彼らはひげが多く、前頭部はそっているが、後頭部にはかみを長くのばしている。女の頭はかみを冠状に残して、他はそっている。女は非常につつましやかで、赤ん坊に乳を与える時でも胸をあまりあらわさない。」と述べています。

また、男女関係はきびしく、フリースの部下の船員がアッケシ首長ノイヤサクの娘に、なにかみだりかましい行動があったということで、首長はとても怒り村人を集めその人たちの目前でこん棒で自分の娘を打ってこらしめたようすが述べられ、そのためフリースはノイヤサクに、船員の行動の代償として、衣服と刀を与え怒りを静めたといいます。

なお女にお産の時は一軒のはなれた小屋にこもって暮し、そこには男は一切近よることを禁じられていることや、死人をほうむる時には、カキの貝殻で死体をおおうことなども述べられています。

アイヌ民族の生活習慣については、民俗学者などによって研究され、多くの図書となって出版されていますし、学校の図書にもありますので述べませんが、文の内容と関係するところでは、簡単に述べることにします。

アッケシの名の由来はいろいろありますが、北海道の名づけ親で、幕末の探検家でアイヌ民族にもっとも親しまれた、松浦武四郎の「納紗布日誌」につぎのように書かれています。「アッケシは同場所の総名となりとも、本地の所は湾の北岸にあるなり。そのわけは土人が衣服になす木皮をはぐに多しとの意味にて、本名アツニケウシ。」

アツはアツシ皮(にれの木皮)、ケははぐ、ウシはところという意味だといわれます。

衣服はシカ・クマ・海獣などの皮をなめして作ったものを着ていましたが、この名の由来にもありますようにアツシを作って着るようになりました。

首長の住む大きな家のポロチセを中心として、チセが何戸かあってコタンを作り、狩猟の時には狩小屋のクチャに住んでいました。

後に厚岸会所の建設された、今の国泰寺近くは、ヌサウシコタンと呼ばれて、昔からコタンのあったところです。そこから湾の沿岸にそってコタンが作られ、湖北の港町や宮園町にもありました。

コタンといってもわたしたちが考えるほど大きな部落ではありません。たった一戸でもコタンといいました。十戸以上まとまっているのは、あまりありませんでした。アッケシのコタンには二十戸以上のところもありました。

三　シャクシャインの戦いの後

シャクシャインの戦いに参加した太平洋側のアイヌ人は、シラヌカ（白糠）までのアイヌ人でした。したがって、クスリ（釧路）以東の人びとは参加しませんでした。しかし、この戦いの後は交易船がこなくなったので、米やたばこなど入手することができなくなりました。

そこで寛文十一（一六七二）年七月に、クスリ・アッケシ・ノシャップのアイヌ人は、小舟七十隻に四百七十九人が乗船して、日高のシラオイ《ママ》（白老）まで出かけ、その地の松前藩の役人を通して、藩主に起請文を出して交易船の派遣を願いました。起請文の内容については、シャクシャインの戦いで述べたとおりです。

この起請文によって、クスリ・アッケシ・ネムロのアイヌ人も、松前藩主に服属したことになりましたが、場所請負制度がしかれるまでは、他の地方とちがって行政上は自治制がしかれ、首長のもとにアイヌ人自らの力によって、生活が守られていました。

たとえば、正徳二（一七一二）年に発行された「和漢三才図絵」に、アイヌ首長支配の一国だとしていますし、板倉源次郎の「北海随筆」（一七三五）には、

「東えぞ剛強にして、ややもすれば松前の命令をきかないこともある。キイタップ・アッケシ・クスリのあたりは、別して取りあつかいがめんどうである。」と書かれていて、そのありさまがわかります。

シャクシャインの戦いのあと約三十年たった元禄十（一六九七）年に、出羽（山形県）の人佐藤信景が伝長坊らと六人で厚岸にきて、米作をこころみたと伝えられ、その場所も伝えられていますが、史実にとぼしく、真偽ははっきりしません。

また、享保年中（一七一六〜一七三五）に、南部（盛岡県）の商人辻文右衛門が、厚岸山中から帆柱用の良材を伐採して江戸へ送ったということが、「北海随筆」に述べられています。

それに寛延三（一七五〇）年より五か年間、飛騨屋が厚岸山林を請負って、四十人近い木

こりを雇って、毎年一万一千石を伐採することにしたことが、「飛騨屋蝦夷山請負関係文書」に書かれています。この伐採は二か年で中止になりました。

シャクシャインの戦い以前は、アッケシに和人のはいりこむことはほとんどありませんでした。

しかしその後は、以上のことからみて和人のはいりこむことが多くなり、しかも飛騨屋の文書にあるように、冬山造材を行なっていますから、木こりなどたくさんの和人が越冬したことを示しています。

このように文化の進んだ和人と接触することによってじょじょに生活に変化があったと思われます。

四　場所請負制度

えぞ地でもっとも恵まれたアッケシにも、大商人による場所請負制度がしかれるようになって、人びとの生活はくつがえされ、今までのアイヌ民族の生活は、経済的ばかりでなく、行政的にも請負商人の手に握られるようになりました。

先にも述べたように安永三(一七七四)年に、飛騨屋久兵衛が場所請負人になりました。(飛騨屋久兵衛は同一人でなく、何代も続きます。)

バラサン岬のふもとにあるヌサウシコタンに運上屋が設けられ、飛騨屋の支配人を始め、帳役・通辞・番人がやってきて、各漁場に番屋が建てられ、番人の監督によって、アイヌ人が雇われて働くようになりました。

寛政の戦いで述べたように、クナシリやメナシに比べますと、アッケシ場所の給料はいくらか良かった方です。しかし三月の春ニシンのしめ粕製造から始まって、十一月ごろまでのサケの漁獲まで九か月以上働いて、男で米が七、八俵にたばこ二十ぱが給料でした。米一俵といっても八升(約一二kg)入の小俵です。労働日数を月二十五日間とすると、一日に四百gの日給になります。

これは賃銀労働者というよりは、むしろ奴隷に近いありさまでした。

もっともイコトイのように勢力のある人は、わりあい自由に昔からの南千島に出かけて、オットセイなど海獣狩猟に出かけたりしていました。が、多くのアイヌ人は漁場にしばりつけられて、だんだんと自由がきかなくなっていきました。

交易にしても対等の立場で、アイヌ民族の風習によって、久しく会わなかった友が再会した時に行なう「オムシャ」という儀式をとっていたのが、このごろになると松前藩の統治する力が強くなり、特に場所請負制度がしかれてからは、この礼式は行政的な手段として使用されるようになり、松前藩主を代理する役人に対して、謁見する儀式となり、その役人から行政的な訓辞をうけたあとで、酒をもらうというようになりました。

そのころのオムシャについて、探検家最上徳内の「蝦夷草紙」にくわしく述べられています。

寛政の戦いごろのアッケシは表面は松前藩に従順で、その戦いのあとで、首長イコトイはじめ主だった人びとは、藩主から戦いを平定したほうびをもらいました。

クナシリの戦いごろのアッケシの状況を記した文献に「東蝦夷道中記」(寛政三年)があります。著者は不明ですが、アッケシ場所についてよく書かれています。

人数は五百人ほどで、乙名イコヅイ(イコトイ)・脇乙名シテ、小使イニンカイ・ヌシャシテ・クイシュマッケの三人、そのほか頭立ったものイコンノシケ・イチロヲ・アンノヤの名が書かれています。

産物としては、ラッコ皮十枚、ワシ羽二十羽、熊胆、熊皮、エブリコ、アザラシ皮、干ザケ、魚油、干ダラ、干クジラ、干ザメ、シイタケ、アッシ、ニシン、シカ皮、塩カキ、干マス、塩クジラで三千石ぐらい、そのほか近年コンブも産出すると述べられています。

また、すでに湖中の小島に弁天宮があり、魚類が豊富でヒラメなどは両手ですくい取ることができることや、支配人の伝七が玄米の中のヒエが流れ出て、それが芽を出して実がなったことなども述べられています。

クナシリの戦いの後は、最上徳内や近藤重蔵など、幕府の役人が調査に来るようになりました。

五　厚岸乙名イコトイ

アイヌ人の首長を乙名と名づけたのは、室町時代の末期からといわれています。松前藩になってからも乙名と呼び、必要があればその上に総乙名をおきました。選び方はアイヌ人にまかせ、その慣習にしたがい、選ばれた者を任命するような形式をとりました。

場所請負人がアイヌ人を使役するようになると、アイヌ人を集めたり仕事を割当てたりするために、小使という役を作りました。

厚岸の乙名として有名なイコトイは、「北海道史」によると、「容貌奇異、鼻上に毛がある。英気衆にこえ、好んで矛を横たい、よく石を投じ、衆夷これをおそる。」と説明しています。

イコトイは天明六（一七八六）年に、最上徳内を案内して千島の探検を行なっています。三月十日四隻の小さな舟に二十数人が乗りこんで厚岸を出て、クナシリ・エトロフ・ウルップの島々を探検し調査しました。その後何度も徳内の探検を助けています。

クナシリの戦いの時は、ツキノエらと共に平定に努力しましたが、その後寛政七（一七九五）年には、松前藩や請負人の処置に反抗して、請負人に従うアイヌ人を一人殺害するなど乱暴して、一族男女十余人を連れて、エトロフにのがれ、ウルップに渡りました。ウルップではトウボというところで越冬しましたが、食料に困りはてあやふく餓死しそうになりました。幸いラッコ猟にきていたロシア人と交易して食料を確保し、餓死をまぬがれました。

イコトイは四年ほどして寛政十一年に厚岸に帰ってきました。

そのころはロシア船が千島列島のみでなく、道東の太平洋岸にも出没するようになり、ウルップ島に居住する者が現われたりして、北辺の防備をきびしくする必要がありました。

そのため幕府では多くの役人を派遣して、調査させたり探検させたりしました。最上徳内もその一人でした。

徳内と共に探検家として有名な近藤重蔵は、寛政十二（一八〇〇）年正月に幕府に意見書を出して、北辺防備で重要なことは、千島列島に居住するアイヌ民族の心を日本につなぎとめることだとし、その地域のアイヌ人に信望があって、ロシア人からも畏敬の目でみられているイコトイを、ウルップに派遣して「えぞ探題」にしたらどうかと述べています。

イコトイの祖先はクナシリに住んでいたといわれるし、母のチキリアシカイはツキノエのめかけでもありました。イコトイはアッケシアイヌのみでなく、ツキノエと共に、東えぞ地の大首長でありました。

オソナイ山にチャシを構え、自由の天地をかけまわった狩猟の民の雄々しい姿は、イコトイを最後として、厚岸のみでなく、えぞ地すべてから消え去っていきました。

六　幕府の直轄と同化政策

松前藩や場所請負人が、単に経済的な利益のみをあげるために、アイヌ人に対してわずかな賃銀で、牛馬のような過酷な労働をさせたため、ロシア人にかたむくのを恐れるようになりました。

そこで幕府では、東えぞ地を松前藩からとりあげ、幕府直轄地とし、場所請負制度も止めて幕府の直さばきとすることにしました。

この幕府直轄は、寛政十一（一七九九）年から文政四（一八二一）年まで、約二十一年間続きました。

蝦夷《エゾ》地取締御用掛になった松平忠明らが、幕府に上申した経営方針の中に、つぎのように述べています。

「松前藩は弱小で広大なえぞ地を治めることができず、場所をわけて商人に託し、運上金を徴収するだけであるから、商人は争って暴利をむさぼり、ます目をかすめ、はかり目をいつわり、あるいは粗悪の品を渡すなど、不正を行なったためえぞは日ましに衰え、みな松前の悪政をうらんでいる。

ところがロシア人がその領土を広げる方法をみるに、懐柔これつとめ、それによってすでに多くの国を併合してきたが、えぞが松前藩をうらむことを聞き、しだいにわが属島二十を蚕食し、なお東えぞ地に渡来しそのすきをうかがっている。

よって今その警備を命ぜられたが、えぞ地は四面海をめぐらし、土地もまた広大であるから、城を築いて守ることはできない。ただ夷人をいつくしみ恵んで仁政をしき、彼らが同心一致して恩徳を感じ、外人のおだてやゆうわくに乗らないよう、教えみちびく必要がある。……」

幕府直轄五年後の文化元(一八〇四)年の東えぞ地アイヌ人口は一万二千七百五十三人でした。厚岸場所のみをみると、文化六(一八〇九)年のアイヌ人口は八百四十七人で、それに対して和人は四十名たらずでした。

このような和人の人口状況では、厚岸場所の警備は困難ですし、まして東えぞ地全域はなおさらのことです。

もし、アイヌ民族に離反されたら、千島列島はいうまでもなく、えぞ地そのものも他国の侵略を許していたでありましょう。幕府にとってえぞ地は累卵のあやふさでありました。松前藩ではアイヌ民族を「化外の民」として、和人化することをきらい、日本語を話したり、みの・かさを着用したり、わらじをはいたりすることまで禁じていました。もちろん許可なく他の場所へ出かけたり、鉄砲を使用したりすることは、かたく禁じていました。

江戸幕府では撫育方針による同化政策をとりました。

幕府ではさっそくつぎのような方針を定めました。

1. 農業をするようにすすめる。
2. 信実を第一とする。
3. 賃米は正しく与える。
4. 和語を用いさせる。
5. 風俗を変えるようにつとめる。
6. 人の道をさとし、文字を教える。
7. めかけをおく風習を改める。
8. 病人の手当てをする。

しかし、この政策があまりにも急激で、アイヌ民族の風習に反することが多く、反感が強かったので、つぎのように改められた。

1. 邪宗門にしたがうもの、外国人にしたしむもの、その罪おもかるべし。

2. 人を殺したるものは死罪たるべし。
3. 人をきずつけ、またぬすみするものは、そのほどに応じとがあるべし。

また、享和二（一八〇二）年三月に、えぞ地に出発する役人に、つぎの申しわたしをしています。

1. 耕作は和人限りとし、えぞにはすすめないこと。
2. 和人の漁猟はえぞの生業を害しない程度にすること。
3. えぞの風俗を変えることはやめ、産業が衰えないように努めること。

交易は外国との関係もあってきびしく取りしまりました。そしてその比率は今までどおりでしたが、品質を調べ、計量を正しくしました。

また漁網を貸したり、漁法を指導したりして漁業の振興をはかり、今まで禁じていた服装や日本語を用いることを許したり、病人や老人などの手当てをしたりしました。

そのほか東北地方の諸藩に命じて、各要地に兵を駐とんしたり、陸上交通の整備をはかり、各地に通行屋や小休所を建設したり、えぞ地鎮護のための三官寺（厚岸の国泰寺・有珠の善光寺・様似の等澍院）を建立したりしました。

七　そのころの厚岸

アッケシの語源についてはすでに述べましたが、漢字で厚岸と書くようになったのは、幕府直轄後の文化年間になってからのことであります。そのほか、アッケシ・渇結失・渇決失・阿津気志・悪消・厚消・熱消などの文字が使われています。厚岸と統一されたのは、明治になってからのことです。

ここでは、六から厚岸としました。

厚岸場所が幕府直轄になって十年後の文化六（一八〇九）年正月に、厚岸場所詰合丹羽鑑次郎が、「悪消場所大概書」を作成し報告しています。また同年に支配取調役荒井保恵が「東行漫筆」を発行しています。この両書を中心として、そのころの厚岸のようすや、アイヌ人の生活などをみましょう。

幕府直轄となってから、厚岸会所詰役人として、調役一人、下役二人、在住三人、同心二人が配置され、通辞や番人などは、今までの場所請負人が雇っていた者をそのまま採用しました。また後には医師もおかれるようになりました。

文化二(一八〇五)年には約五百㎡の広さの会所も新築され、この会所を中心として旅宿所二か所、板蔵六か所が建設され、神明社、稲荷社、それに国泰寺も建立されて、ヌサウシコタンは東えぞ地でもっともにぎわいをみせていました。

漁場には番屋や雑蔵があって、和人の番人の監督のもとにアイヌ人が漁期に応じて配置され、それぞれ漁業に従事していました。

漁業に従事する和人は三十名ぐらいで、それらのもとにアイヌ人が働いていました。

文化六年ごろのアイヌ人の人口は、戸数百七十三戸で男四百十九人、女四百五十五人の計八百七十四人でした。それらの人びとが、総乙名二人をはじめ脇乙名二人、並乙名三十三人、小使四人によって統率されていました。

東行漫筆によると、つぎのように各漁場に配置されていました。

①ヌサウシコタン　(ニシン・チカ引網)

番人　二人　アイヌ人　二十人

②ホニコエ　　　（ニシン・チカ引網）
　　　　番人　二人　アイヌ人　二十人余
③ノテト　　　（ニシン・干ダラ）
　　　　番人　二人　アイヌ人　七人
④タンタカコタン　（ニシン・干ダラ）
　　　　番人　一人　アイヌ人　七人
⑤リルウ　　　（ニシン・干ダラ）
　　　　番人　一人　アイヌ人　七人
⑥シンニウイコル　（ニシン・干ダラ、花咲でマスなど）
　　　　番人　二人　アイヌ人　二十人余
⑦チクシコエ　　（マスシメ粕）
　　　　番人　二人　アイヌ人　五・六十人
⑧ホノマヘツ　　（シメカス・コンブ）
　　　　番人　一人　アイヌ人　二十人
⑨大黒島　　　（タラ・コンブ）

⑩ビワセ　　　番人　一人　アイヌ人　五人
（チカ・ニシン・タラ・コンブ）
⑪シュショウヘ　番人　一人　アイヌ人　二十人
（ニシン・干タラ）
⑫ツクシコイ　番人　一人　アイヌ人　七人
（マス）
⑬オッチシ　番人　三人　アイヌ人　六十人余
（マス・少ない時はビワセでコンブ）
⑭ハナサキ　番人　四人　アイヌ人　七十人余
（マス・ネムロ領内である）
番人　四人　アイヌ人　七十人余

そのころの厚岸湾岸の漁業は、ニシンやチカの引網、マスの引網、タラの釣り、コンブ採取が主で、ニシン・チカ・マスは魚粕や魚油、タラは干ダラに製造しました。

その労働に対する給料として「東行漫筆」によるとつぎのようでした。

厚岸関係漁場図

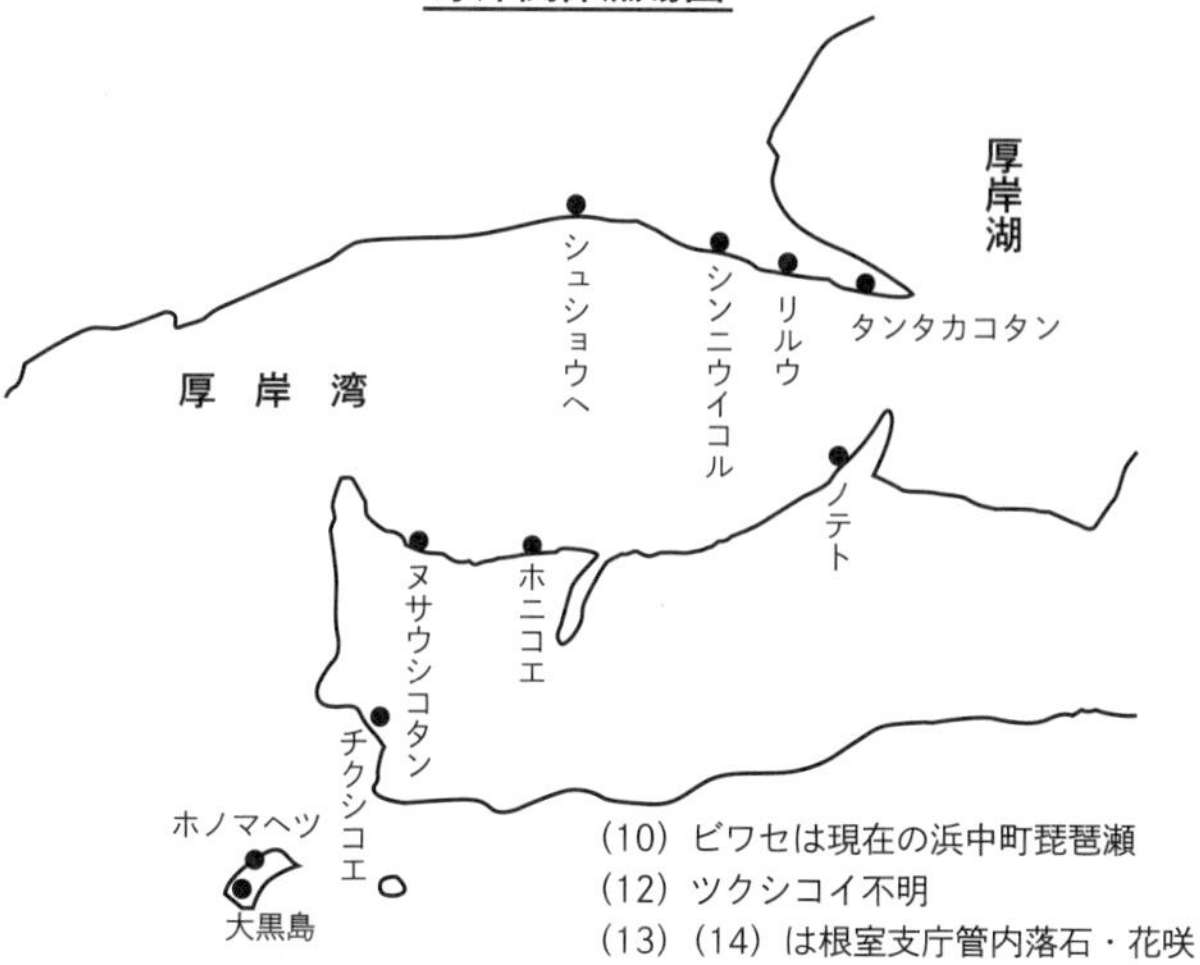

（10）ビワセは現在の浜中町琵琶瀬
（12）ツクシコイ不明
（13）（14）は根室支庁管内落石・花咲

1. 番屋の夷人は三度食事を与え、漁獲の五分は会所に納め、五分は今までの値段で買う。
2. ニシン漁は夷人の自分かせぎもあり、シイタケやアザラシは買う。
3. マス漁は自分かせぎなし。
4. 役えぞの給米は、米八升入五俵より三俵まで。

自分かせぎというのは、会所の漁業のあいまに、自分たちだけで漁業をすることで、網料を支払った残りは、ほとんどアイヌ人の収入となるものです。また役えぞの給米とは、乙名・小使などの役職に対する手当です。

松前藩時代からみると、アイヌ人の生活はずいぶん良くなりました。会所の漁期以外には、川へ出かけサケをとったり、山へ出かけてワシやシカをとったりしています。「悪消場所大概書」にはそのころのアイヌ人の生活を、つぎのように述べています。

1. 男は春、海の氷がとけると、ニシンを漁し、続いてタラを釣り、シイタケを拾い、夏はマス漁、コンブ拾い。秋はサケ川へのぼるを、えぞ人食料とする。続いてチカ漁・ニシン漁。寒中はワシを射取り、尾羽を荷物に出す。
女は漁事手伝い。キナアツシを織りかせぎとす。ニシン漁を主とする場所なり。

2. 食物は雑魚あるいはカキ、ホッキ貝等、ウバユリ、キトヒルの根をすり食す。もちろん御用地となり、米はいずれもよろこびの食とす。もっぱら相好む。

文化二年会所が新築された年は、国泰寺も建立されました。国泰寺は国防上の理由から、和人のみでなくアイヌ人の人心安定のために、有珠の善光寺、様似の等澍院とともに、えぞ地の三官寺として建立され、その教化活動の区域は、トカチ・クスリ・アッケシ・ネムロ・クナシリ・エトロフの六場所にあたる、広大な地域でありました。

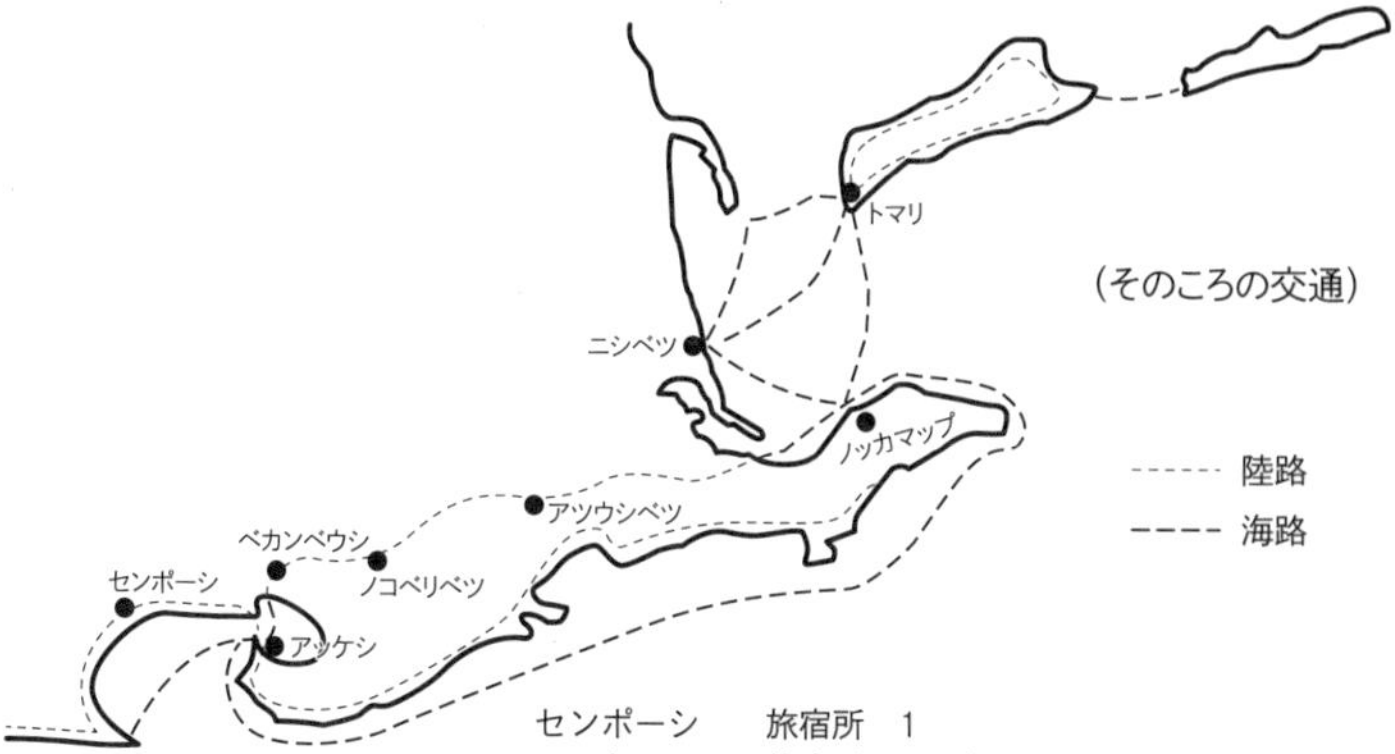

センポーシ	旅宿所　1	
アッケシ	旅宿所　2	会所
ベカンベウシ	昼休所（番屋）	
ノコベリベツ	旅宿所　1	
アツウシベツ	旅宿所（番屋）	

寺内で行なわれる年中行事の準備で、まきわり、もちつき、雪おろし、冬がこい、畑仕事などに、会所を通じて手伝いとして、アイヌ人が使われました。また、役僧の諸場所廻勤は毎年行なわれましたが、そのたびに場所内の区域に、必ず何人かのアイヌ人がお供をしていました。

国防のため厚岸にも台場がバラサンに造られ、文化四年に南部藩兵百三十人、翌五年には仙台藩兵が厚岸に駐屯し、防備するようになりました。

また、幕府の役人を始め多くの人が視察や調査に来たり、厚岸以東のネムロ・クナシリ・エトロフの役人や防備兵が交替する時は、必らず厚岸に宿泊しました。

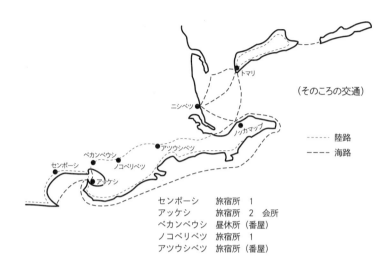

これらの人々の送迎や、往復文書や荷物の逓送は、すべてアイヌ人が会所から命ぜられて、その任務を行なっていました。

したがって、会所の漁業のほかに、アイヌ人のする仕事が、幕府直轄になってから多くなっていきました。

松前藩領時代の厚岸を中心とする陸路は、ほとんどアイヌ人の踏みわけ道路でした。このころになってから、道路工事が活発になり、寛政十一（一七九九）年に釧路―仙鳳趾間の海岸道路、享和二（一八〇二）年に厚岸―厚別間の内陸道路、文化五（一八〇八）年に仙鳳趾―厚岸間の海岸道路が開かれました。この仙鳳趾―厚岸間の道路はアイヌ人が漁閑期を利用して開いたといわれます。

これらの道路のほかに、厚岸から海岸ぞいに散布にぬけ、霧多布から根室に至る道もありました。

厚岸から仙鳳趾、また厚岸からベカンベウシへは、図合船で行くことが多く、厚岸湾や厚岸湖をアイヌ人が船をこいで、人々を送り迎えしました。

仕事が多くなるにつれて、人手不足となり、老人や婦人、それに子どもたちまで、労役するようになりました。

和人との接触が多くなるにつれて、コタンの風習は失なわれるようになり、服装も和風化する者も出てきました。「東行漫筆」には「新シャモ」五人と述べています。シャモとは和人のことで、新シャモとはアイヌ人が和人のようになった者をいいます。

この新シャモには、カジ屋職人が一人、木びき職人が二人おりました。

幕府直轄後十四年たった文化十（一八一三）年に、再び場所請負制となり、米屋藤兵衛が請負人となりました。

八　松前藩の復領と人口の激減

ロシアの千島列島南下政策は、ヨーロッパのナポレオン戦争によって中断されました。幕府はこれを永久に北辺の憂いは無くなったと考えました。また防備の中心であった津軽・南部の両藩は、凶作のため財政が苦しくなっていましたし、松前藩の復領運動も行なわれていましたので、幕府では直轄を止めて、文政四（一八二一）年えぞ地は再び松前藩の領地となりました。この復領は安政二（一八五五）年再び幕府直轄となるまで続きました。

松前藩は厚岸の行政と防備をかねて、五十数人の役人をおきましたが、そのうち四十五人は在住となっています。この在住というのは場所請負人の番人を任命したもので、藩の正式な役人は十人たらずでした。

場所請負人は米屋藤兵衛から、文政元（一八一八）年竹屋長七になり、文政十（一八二七）年楢原六郎兵衛、その後山田屋喜右衛門、山田文右衛門とかわっていきました。

幕府直轄当初のアイヌ人に対する撫育方針は続けられていましたが、時がたつにつれて忘れられ、請負制度が復活してからは、だんだんと昔のようになっていき、特に支配人を始め番人たちの人がらによっては、撫育などは忘れ去られていきました。

この松前藩の復領時代に、厚岸のアイヌ人にとって、悲惨な災害や伝染病がおこり、死亡者が多く出て人口が激減しました。

「日鑑記」によりますと、天保十四（一八四三）年三月二十六日、大地震のため家が倒壊し、二度にわたる津波のため、湖北の真竜方面の被害がひどく、番屋も人家も一軒残らず流失して、死者三十四人を出しました。その他の地域の死者を含めると、四十五人に達したといいます。また、家の流失やこわれたもの七十五戸、舟の破損は六十一隻でした。

弘化三（一八四六）年から四年にかけて疫病が流行し、アイヌ人の死亡は百五十四人に達しました。「日鑑記」によりますと、つぎのようでした。

「弘化三年十二月一日、夷人急病のため看護したが、七人死亡したので、厄難よけの式をした。」

「弘化三年十二月十五日、十月二十五日より今日までに、男八人と女十六人死亡した。病気でない夷人は、全員ポロト番屋へ、病よけに今夜出かける。」

「弘化三年十二月十八日、夷人死亡五十人ほどあるといううわさがある。」

「弘化四年四月八日、旧冬以来疫病のため死亡した夷人は百五十四人であった。」

この疫病は天然痘だったようです。後に桑田立斉という医師が、予防接種に厚岸にも来ています。

このような伝染病があると、国泰寺では病難よけのお祈りをしたり、人びとは家を焼き払い、山へ逃げたりするほかは、どうにもならなかったのでしょう。

文化六（一八〇九）年から、明治四（一八七一）年までの人口状況をみますと、つぎの表のようになります。

年号	西暦	男人口	女人口	計	
文化　六	一八〇九	四一九人	四五五人	八七四人	一七三戸
文政　五	一八二二	三七九	四二五	八〇四	一六四
嘉永　元	一八四八	二八〇	二八七	五六七	一三七
安政　四	一八五七	九六	一〇五	二〇一	四八
明治　四	一八七一	七八	八一	一五九	五〇

幕領時代十三年間に七十人減少しています。文政五年から嘉永元年までの二十六年間に、二百三十七人減少していますが、この間に津波と疫病で約二百人死亡しています。

ところが、嘉永元年から安政四年までのわずか九年間に、戸数にして八十九戸、人口にして三百六十六人減少しています。嘉永元年の三十五%になったのです。

その理由はなんだったのでしょうか。「日鑑記」にも記録されておりません。

「アイヌ政策史」(高倉新一郎著)に、釧路・根室・厚岸・国後・斜里の各場所アイヌ人口を、総計した表が書かれています。その表はつぎのとおりです。

年号	西暦	人口	指数	指数
文政　五	一八二二	五九七五人	一〇〇	
安政　元	一八五四	三六〇九	六〇	一〇〇
明治　六	一八七三	三〇九四	五二	八五

人口の減少は厚岸場所のみでなく、アイヌ民族全体に共通する状況です。その原因ははっきりしませんが、考えられることは、

○　伝染病　○　労働状態の変化　○　飲酒

○　生活様式の変化　○　結婚の減少

などによるものといわれています。

天地自然に順応して、狩猟を主として働いていた人びとが、自分の欲求に反した労働を強制され、その給料もひくく、肉体的にも精神的にも大きな打撃をうけたのでしょう。「竹四郎廻浦日記」に「日夜の差別なく苛責し、寒飢のために身を苦しましむるがゆえに、春夏の間気候の移る時に、これみな病を生じて死し……」とありますが、そのとおりだったと思われます。

幕領になってからアイヌ人の使役に対する報しゅうがよくなり、しかもその大部分は酒でした。昔は神々を祭る儀式に用いた貴重な酒も、いつでも入手できるようになりますと、自然にその回数も多くなり、量も増加していき、そのためアルコール中毒になる人もありました。

この飲酒の害も人口減少に大きな影響を与えたと思われます。

寒さを防ぐ獣皮、防水力の強いアッシは、商品化されて、強制的に和人の手に納められ、その代りに与えられた木綿は、はだざわりはよいが、防寒にも防水にも弱く、床のない住居は昔のように自由に移動できなくなり、不潔さを増し、肉食の量もへって寒さに堪えられなくなってきました。

結婚の減少も大きな原因だったのでしょう。場所内の労働力の減少を恐れて、他場所との交流を禁じられていました。これは結婚適齢期の男女に、過不足があっても融通することができなくなりましたし、また、和人のめかけのようにさせられた女の人などもありました。

病気は伝染病のほかにも、肺病なども多くなったと思われます。

九　外国船の来航

松前藩が復領した時代には、外国船の来航による事件が何度も起こって、えぞ地は再び幕府直轄の原因となりました。

天保二（一八三一）年、今の浜中湾奔幌戸の東にあたるウライネコタンで、外国船員との間に戦いがありました。

二月十八日午前四時ごろ、ウライネコタンの沖合に、外国船が漂流しているのを発見してから、三月四日午前九時ごろ出帆するまで、厚岸では場所開設以来の大さわぎとなりました。

「日鑑記」にこの事件について、くわしく書かれています。それによって説明しましょう。

二月二十日　夷国人キリタップに上陸し、無人の漁場施設を破壊したり、放火したりした。

二月二十三日　厚岸詰合重役谷悌小左衛門はじめ、役人全員出動する。全員といっても十人たらずなので、在住足軽として任命していた番人はじめ、アイヌ人の中で弓や乗馬の達者な者を選び、五十人ばかりで防備する。

二月二十四日　外国船より伝馬船一隻に四十人ほど乗船して攻めてきたが撃退する。

二月二十六日　伝馬船四隻で八十人ほど二手にわかれて上陸した。味方は敗勢のため、十八km奥地のノコベリベツまで退却した。この戦いで死傷者は無かったが、和人一人とアイヌ人一人が捕えられた。

幸いこの二人は帰されたし、外国船は四日に出帆したので事件はおさまりました。

松前藩派遣の防備隊一番手七十五人が全員厚岸に到着したのは、四月二十九日でした。

この事件にはアイヌ人も総動員されて警備にあたりました。後に幕府役人・松前藩・それに場所請負人から、それぞれつぎのように賞されています。

○幕府普請役吟味方　川久保中八郎よりの受賞者
総乙名マエトンケ、脇乙名タフカランケ、総小使イカシチャリ、並乙名カムエチャリカ、
並小使ラワシンカ、イカシンコ

○松前藩主よりの受賞者
イコシャハ（外国船に捕えられ、後に松前まで報告）
イラリハクロ（イコシャハの付添人）
そのほか役夷人三人、並夷人九人、その他五十二人

○請負人山田屋文右衛門よりの受賞者
　総乙名マエトンケほか百二十人

　賞品は幕府と松前藩からは、米・こうじ・酒・たばこなどでしたが、請負人からは現金を与えられています。

　そのほか外国船来航をみますと、天保十五（一八四四）年に、フランス船がバラサン岬近くに停泊して、燃料や食料を求めています。

　また、嘉永三（一八五〇）年に、イギリスの捕鯨船が末広沖で難破し、乗組員三十二人が救助され、会所の五番蔵を改造して収容し、箱館へ二隻の船で護送しました。四月十六日難破船を発見してから、八月七日護送船が出航するまで、警備の人数も八十余人となり、この間中厚岸は大変ないそがしさでありました。

十　幕府再直轄と仙台藩領

　安政元（一八五四）年正月、幕府は目付堀利熙らにえぞ地調査を命じ、同年九月意見を上申させました。

その意見書によりますと、国防の重要性とアイヌ人の撫育の必要を力説しています。その中で

「……支配人らはえぞを使役することすこぶる過酷で不法なことが多い……外国人がもし恵みをほどこして、えぞをさそうようなことがあれば、えぞは喜んで外国人に帰服するであろう。……」

と述べ、幕府再直轄を力説しています。

幕府はこの調査によって再直轄することになり、安政二（一八五五）年二月、松前藩にえぞ地を上地させました。

安政三年四月には仙台藩士約五十人が警備のため着任し、四年に陣屋を新築しました。安政六年十一月から、警備上から厚岸場所などが仙台藩の領地となり、明治元（一八六八）年まで約八年間、仙台藩として経営されました。

再直轄になってから幕府は再びアイヌ人に対して、撫育を主とする同化政策をとること

となり、仙台藩もその方針を続けました。

前幕領の始めは場所請負人を廃しましたが、今回はそのままとしました。しかし、アイヌ人を箱館奉行所の直轄とし、請負人が漁場で使役させても、その賃米や交易品は、請負人から役人へ、役人からアイヌ人へ渡すこととし、品質や数量に不正の出ないようにしました。

また、風俗を改めるのは漸進的に行なうこととし、安政三年十二月に、在勤の役人に対して、つぎのように命じています。

「…形のみ改めても、内心で不服の者があってはならない。自然に彼らから望んで改めるようにせよ。

寒い土地なのでひげやかみの毛をのばしていてもよい。衣服や言語もだんだん改めるようにし、土人の心をよく考えてやるようにせよ。」

文久元（一八六一）年に厚岸詰合に勤務していた医師大内余庵が「東蝦夷夜話」を著わしました。その中に厚岸会所におけるオムシャのおりに、アイヌ人にさとしたことが記されています。その中で関係のあると思われることを述べると、つぎのとおりです。

1. 和人のことばを使ってもよい。幼い者に習わせるようにしなさい。
2. 結婚は場所内だけでは適当な相手がないので、ほかの場所の者と縁組してもよい。
3. 家はしめり気を防ぐため、床を張ってもよろしい。
4. 畑を作って食料をたくわえるようにしなさい。必要なら農具や種を与える。
5. さかやきをそったり、ふろにはいったりなど、だんだんするようにしなさい。
6. みの・かさ・わらじを使わないので、病気になることが多い。これからはできるだけ使うようにしなさい。
7. 死人が出るとその家を焼きはらっているが、これからは永住するようにせよ。
8. 女子は口や手にいれずみをしているが止めるようにしなさい。これから生まれる者にはしてはならない。

幕府としては漸進的に風俗を改める方針でしたが、出先役人の中には性急な人もいて、釧路場所ではアイヌ人を捕えて物を与え、強制的にさかやきをそったといわれています。

このように風俗を和風にし、名を和人のように改めたりした者を帰俗土人と称しました。さきに新シャモと書きましたが、同意義のことばです。安政五（一八五八）年の「協和私役」による調査では、厚岸場所は総人口二百十六人のうち四十六人が帰俗しています。

これまでは各場所ごとに総乙名・総小使・脇乙名をおき、各部落ごとに乙名・小使・土産取をおき、これらを役土人と呼んでいました。これからは総乙名と庄屋・総小使を総年寄、脇乙名を総名主、乙名を名主、小使を年寄、土産取を百姓代と改め、すべて内地のようにしました。

また名主まではかみしも着用、年寄り・百姓代は、はおり、はかまの着用を許しました。請負場所の支配人以下は商人でしたので、かみしも着用は許されませんので、これにはいろいろ問題があったようです。安政四年発行の「罕有日記」（かんゆう）（森一馬著）に厚岸結調役並出役喜多野省吾について、つぎのように書いています。

「・喜多野省吾氏持場のネモロ領内ニシベツ・ベツカイ両所で、ニシベツ川漁場の事で争いがあり、一方より支配人代の番人、一方より乙名立会で喜多野氏の前へ出たが、番人が乙名より上座に出たのをとがめていうには、乙名は村長の役であり、番人は請負人の召使いなので、これからは同席の時は乙名を上座とせよ。……

・喜多野氏持場中支配人番人共あさかみしも着用を許さないので、この春から乙名あさかみしも着用で年賀の礼をしたので、支配人以下不服をいだいた。

・アッケシ総乙名ならびにアイヌ人にさかやきするよういいつけたが、乙名ならびに小使らは、先祖以来の旧法にそむき、多数のアイヌ人をさとすことはできないと答えたので、その場で役土人を解任させた。そのためアイヌ人はすべて不服だという。

・夜中ひそかに小役人を使って、アイヌ人の家を見まわりさせている。これは番人らがまちがった行為をしないようにしらべるためだという。

・松前藩領中は、支配人番人ら自らアイヌ人をうちたたいたが、幕領となってから禁じられたので、アイヌ人はおそろしくなくなり、なまけるようになったという。」

十一　幕末のころのアイヌ人

安政四（一八五七）年幕府が再直轄して間もないころに、佐賀藩の島義勇らが東えぞ地を巡視した。その著書「入北記」（島義勇の著作と玉虫左太史の著作がそれぞれある）に、そのころの厚岸場所のことがよく書かれているので、その二つの著書を中心として幕末のアイヌ人のようすを知ることにしましょう。

幕府再直轄当初の厚岸結役人は、調役並喜多野省吾、下役出役大西栄之助同心堀茂十郎、足軽石田才助らで詰合家屋で勤務していました。

場所請負人の支配人らの会所は海岸近くにあって、その前のさん橋から図合船が往来していました。

仙台藩の警備兵六十人ほどがおって、陣屋二棟があり、バラサン山のふもとに台場があって、小さな古びた大砲が一台備えつけられていました。

前幕領時代には八百人以上もおったアイヌ人は、二百人そこそこに減少して、漁場で働く人もすくなくなり、支配人の山田屋文右衛門は、その請負地の沙流や勇払からアイヌ人を連れてきて、漁業を営ませたくらいでした。そのころのコタンの家屋敷や人口をみるとつぎのとおりでした。

村名	男人口	女人口	計	戸数
ホニコイ村	二七人	二六人	五三人	一五戸
ヘトエ　村	二三	二六	四九	一〇
ホント　村	一五	一六	三一	七
ヲナコツ村	二	三	五	二
シンレウニコル村	二二	二七	四九	一〇
ヤマコヘツ村（山中）	三	一	四	一
ベカンベウシ村（山中）	二	一	三	一
ホロト村（太平洋側）	二	一	三	一
オッチシ村（〃）	一	一	二	一
計　八ケ村	九六人	一〇五人	二〇一人	四八戸

役土人はつぎの八人でした。

シンレウニコル村　庄屋　酒六

同	総年寄	板右衛門
ヘトエ村	同	三五郎
ホニコイ村	年寄	蘭吉
同	同	熊吉
シンレウニコル村	同	三治
ホニコイ村	百姓代	太助
シンレウニコル村	同	九助

庄屋の酒六はアイヌ名シャケロクで、弟のサンケトモと共に、コタンの人びとの助けを借りて、父サカモイナクを殺した熊をさがし求めて、ついに仇をうった豪勇の人でした。松前藩領時代は山にこもって「すみやき」をしていましたが、幕領になってから役土人として召し出され、名を酒六と改め庄屋になり、弟は三五郎と改めて総年寄に任命されました。これは「東蝦夷夜話」にくわしく述べられています。

アイヌ人の給料を「入北記」(島義勇)のクスリ(釧路)場所でみると、

会所・番屋台所働き土人	一か月	九〇〇文～四四八文
大工手伝い・きこり土人	〃	二、〇一二文
馬引き土人	〃	一、三四四文～六七二文
川渡守土人	〃	六七二文
かじ屋土人	〃	一、五六八文～六七二文
漁業雇土人	〃	一、三四四文～九〇〇文

玄米一俵つき賃　三〇文
木びき賃　二間尺角一口につき　三五文

当時の玄米一升のねだんは五十六文でしたから、それで換算しますと、台所関係の給料は一か月で米一斗七升から八升、漁業雇では二斗四升から一斗七升ぐらいになり一升は約一・五kgですからそのすくないことがよくわかるでしょう。そのころの銭両替相場は六〆五百文で一両でした。厚岸場所最高のアイヌ人の給料は年給で十五〆六百八十文でしたから、約二両一分程度になります。当時の番人の年給は七両から八両でしたので、もっとも給料の高いアイヌ人でも、その四分の一に過ぎなかったことになります。

松浦武四郎の日記に、「一年相稼ぎ候とも、中々家内十人ぐらいにて、一枚の古着も着れない」というありさまでした。

しかも給料は漁場のおわる十二月に支給されていました。釧路場所請負人米屋の番頭だった豊島庄作の話に、「相手が土人のみであったので、こちらの思うままにした。当時の土人の使用ぶりをしめすと、土人一人に対し飯米四合か五合を給与し、そのほかに一か年の給料が白米二十俵といえば大げさだが、その実は八升入の計算であった。しかもそれすら年末清算期には、たび・わらじ・もめんとあの分この分と高価に差引かれ、むしろ残るものは赤字のみということで、年中こき使われていた。」

このような状況であったので、松前藩領時代からみると、いくらかは良くなったとはいえ、まことにみじめなありさまでありました。

つぎにそのころの交易ねだんを書きましょう。

○土人売渡し品価格

品名		価格	品名		価格
玄米	一升	五六文	こうじ	一升	一〇〇文
清酒	〃	二〇〇	ドブロク	〃	五六
たばこ	一玉	九〇	下帯	一筋	二〇〇
並布	一反	一、二〇〇	上手ぬぐい	〃	一五〇
白木綿	〃	九〇〇	こんふろしき	一枚	四四八
ももひき	一足	一、五〇〇	さってかけ	一足	四四八
むじりかっぱ	一枚	一、六〇〇	竹の子かさ	一つ	七〇
二升たきかま	一つ	八九六	南部わん	一つ	五六
ひもつきはおり	一枚	四、四五〇	さしたび	一足	五〇〇

○土人生産品買入れ価格

品名		価格	品名		価格
こんぶ	四〆五〇〇匁	三五文	いわししめかす	一〆	二五文
こいしめかす	一〆	二五	魚油	一升	五六

塩引さけ　二十本	一四六	塩さけ　二十本	七五
かき身二斗入　一かん	二三四	しいたけ　百つぶ	一二〇
まき　一しき	二〇〇	はし　二ぜん	一
上アッシ　一枚	一六八	中アッシ　一枚	一一二
くまのい　一匁	二五二	くま皮　一枚	八九六
わし尾羽　一羽	六六	きつね皮　一枚	二〇〇
ちょうざめ皮　一枚	一一二	かわうそ皮　一枚	四〇〇

この二つの表を比較すると、誰しもその不等なことがわかるでしょう。

たとえば塩サケ二十本で竹の子かさ一枚のみで、たばこ一玉も買えない。カキのむき身二斗(三十kg)で、清酒一升か下帯一本がやっと買える。はおり一枚買うためには塩さけ千百八十本を必要としたし、漁業雇給料では四か月分を必要としたことになります。

女の人がいく日もかかって織ったアッシ十枚で、ももひき一足の交換でした。

幕府が撫育政策に力を入れたのは、最初の四か年ぐらいに過ぎませんでした。それ以後は幕府の基礎がぐらつき出してきたので、それどころではなくなったのでしょう。しかも、請負人たちは撫育には経費もかさむし、労役に支障もきたすことが多くなり、役人をごまかしたり、時には公然と拒否する者さえ出る仕末でした。

このような状態で明治時代を迎えることになります。

十二　明治新政府の対策

慶応三（一八六七）年幕府が大政を奉還し、明治新政府が誕生しました。政府ではえぞ地を治めるために、翌明治元年箱館裁判所をおき、厚岸にもその出先機関である詰所が設けられました。

箱館裁判所は箱館府となり、明治二年は開拓使となり本庁を札幌の地に定め、松浦武四郎の意見により、えぞ地を北海道とし、十一か国八十六郡(今は八十七郡)に分割しました。

開拓使は根室・花咲・野付など二十郡を直轄とし、他は兵部省管轄地や諸藩の分領としました。

厚岸久摺（釧路）川上の三郡は佐賀藩の分領地となり、明治二年八月から四年八月まで二か年間、佐賀藩によって治められました。

明治五年一月佐賀藩（当時伊万里県）から開拓使に引きつがれ、根室出張所開拓使庁厚岸詰役所が設けられ、それからいろいろの名称の変化がありましたが、開拓使根室支庁管轄下にあって、現在の釧路支庁全域を管轄してきました。

明治十二（一八七九）年には厚岸郡役所となり行政区域はそのままでしたが、十八年釧路郡役所ができてからは厚岸郡のみとなり、明治二十四年には廃止されて、釧路郡役所の管轄となり、厚岸戸長役場が設けられました。

開拓使は明治十五年二月八日廃止されて、三県一局制となり根室県の行政区域となり、同十九年一月廃止されて札幌道庁となり、根室支庁の管轄となり、明治三十年釧路郡役所が廃されて、釧路支庁になるとその管轄下にはいりました。

その当時は、湾月町外三町七村戸長役場と称していました。明治三十三年に一級町村制施行によって、厚岸町となりました。

したがって行政区域は、釧路支庁全域→厚岸郡全域→厚岸町内のみとなったのです。

それでは明治新政府が開拓使をとおして行なった、アイヌ民族に対する対策をのべましょう。

江戸幕府は撫育による同化政策を行ないましたが、開拓使は一歩進めて、和人と同一視する強い同化政策をとりました。したがって始めは撫育を取り入れていますが後になると救済的なことは止めて、強力に同化政策を進めています。

「開拓使日誌明治二年五月二十日」の「御下問の写」によりますと、

「えぞ地は日本の北にある重要な領土である。ロシアや満州に接していて、その境界ははっきりしない。北では雑居している。今までは幕府の役人は、土人を過酷に使っていた。それに対して外国人は愛情をもって接したので、土人は和人をうらみ外国人を尊敬するようになった。そしてそうした土人の気持を利用して、おだてあげるようなことでも起きたら大変である。

このようなわざわいを防ぐことが、現在もっとも大切なことである。

箱館が平定されたら、できるだけ早く土人に対し、開拓や撫育の方法をとる必要がある。」

この政府の方針によって、根室出張所でも根室・花咲両郡のアイヌ人に、つぎのように知らせています。

「天皇の政府を重くみて、その命令にそむいてはならない。なにか変ったことが起きたらすぐ知らせよ。ご沙汰があるまでは今までどおりである。和人の横暴があったらすぐ知らせよ。

政府はまた北海道を国防的な重要性のみでなく、和人を積極的に入殖させて、農業や漁業の開発をはかり、経済的にも重要視し、和人の入殖を奨励しました。その和人の入殖者が多くなるにつれて、アイヌ人の北海道に持つ役割がしだいに変りつつありました。

佐賀藩の支配が始まった明治二年ごろは、厚岸には五十戸、百六十人ほどのアイヌ人のほかは、場所請負人関係者や国泰寺関係の、わずかの和人が居住していました。仙台藩士はすでに引きあげていませんでした。

佐賀藩は政府の方針によって、アイヌ人に対しては幕領時代以上の保護政策をとりました。

一、品物の売買は時価でする。和人と土人の差別をしてはならない。
一、コンブ場は三そう分を土人用とし、六月から十月上旬までとし、代価は土人がわける。
一、病人があったらくすりを与える。

一、駅ていやその他の仕事をさせる。
一、毎年十月にオムシャを行なう。

それまでの品物の売買は、和人とアイヌ人の間に不公平が多くありました。アイヌ人の買入ねだんは高価で、産物の売渡しねだんが安かったばかりではありませんでした。たとえばコンブ四貫五百匁の買上げねだんが、アイヌ人からは三十五文なのが、和人からは六十文でした。

米やたばこをアイヌ人が買う場合と、和人が買う場合ではねだんがちがっていました。また、米などをはかるますに大小があって、和人からアイヌ人には小さいますを使い、アイヌ人から和人には大きいますを使ったりしました。

佐賀藩ではこうした不公平を改めようとしました。

その他役職のある人やそうでない人を勤務させた時の給与として、役職者には米七合五勺・清酒五合、一般の人には、米一升・金一朱というように支払いました。

アイヌ人の居住地は、安政四年ごろとあまり変っていませんでした。今の湾月町・若竹町沿岸から厚岸大橋南口付近と、対岸の厚岸大橋北口から宮園町の沿岸に居住していました。

佐賀藩が明治五年一月に開拓使に引きついだ「伊万里県引継書厚岸郡土人の数人別調」の報告では、つぎのようになっています。

村名	男人口	女人口	計	戸数
ホニコイ村	二〇人	一七人	三七人	一〇戸
ヘトエ〃	二二	二六	四八	一六
ヲワラナイ〃	一三	一三	二六	六
ホント〃	一五	一五	三〇	九
シンレウニコロ〃	七	七	一四	七
ヤマコベツ〃	二	三	五	一
計	七八	八一	一五九	四九

役職者名

ホニコイ村　庄屋　酒六

ホント〃　総年寄　五郎右衛門

ヘトエ	〃	名主	蘭治
ホニコイ村		年寄	三太
〃		〃	新次郎
ヘトエ	〃	〃	周吉
ホント	〃	〃	内助
〃		〃	久平
ヘトエ	〃	百姓代	九助

帰俗土人と思われる和名の人は三十人おりました。

佐賀藩では和人の入殖をすすめ、厚岸場所請負人榊富右衛門に命じて、漁業移民六十一戸、百六十三人を、函館や東北地方から募集させ、そのうち二十九戸、八十一人を浜中村の榊町を中心に、また三十二戸、八十二人を厚岸のヌサウシに移住させました。

また、郷里の佐賀から二百八十七名の農業移民を募集し、今の浜中湾沿岸から散布、それにアヤメが原の近くにかけて入殖させましたが、失敗におわりその大部分は開拓使により、札幌方面へ転住しました。

このように江戸時代にはみられなかった和人の移住がすすめられ、厚岸の人口構成は急激に変化しはじめました。

厚岸町は海流の影響による濃霧（ガス）と寒さにより、農業開拓のすすむのは、昭和時代になって酪農経営に切りかえてからといわれています。しかし漁業は早くから開かれました。だが場所請負人制度はとかく自営の漁業者の移住をさまたげることが多く、開拓使はこの制度を一端廃止しましたが、資力不足のため営業する者がすくないので、便宜上請負制度を残し、漁場持としていました。その漁場持も明治九（一八七六）年九月二十一日に廃止され、漁場が広く解放されるようになりました。

漁業希望者は政府から漁業資金の貸与をうけたりしながら定住する者が増加してきました。

厚岸でも明治五年ごろには和人の定住者六十戸だったのが、明治十年ごろから増加して、十九年には三百五戸千二百七十三人になりました。

このように、和人の北海道定住をすすめた開拓使は、一方アイヌ人に対しても、場所請負人の封建的な使用人から脱して、和人とおなじように自由人として解放する政策をとりました。

松前藩の化外の民から幕府の帰俗土人のすすめ、そして開拓使による和人と同一化する政策となったのです。

開拓使は明治四年四月戸籍法を公布し、アイヌ民族はすべて平民に編入することとしました。またアイヌ人の姓名も和人風に改めることとし、根室支庁では明治九年七月にそのようなことを公布しています。

また役土人の名称も改めて伍長とし、戸籍関係を始めすべての行政は、戸長の管轄下にはいることにしました。

また職業や住居の移転も今までは場所請負人の使用人のため、自由に移動できませんでした。明治九年一月十日根室支庁達四号で

「アイヌ人はこれから以後は、漁場などで賃銭で雇われることは、本人の自由意志であってよいので、この事をアイヌ人に知らせなさい。」

と、戸長などに命じています。

しかし、今まで奴隷のように使役され、自立心を失なっていたアイヌ人は、生活力旺盛な和人の中にはいって生活することは、容易なことではありません。しかも開拓使はその

同化をいそぐあまり、撫育政策を廃止し特別な保護をも止めることにしました。

たとえば、明治三年九月に、

「回村賜物、オムシャ、生死手当など、他の和人と比べて特別に保護することは、お前たちをいつまでもおろか者にするおそれがあるので停止する。これからは自分自身の力で生活するように努力せよ。」

と、開拓使から布達されています。

佐賀藩領のときは、一月一日、三月三日、五月五日、七月七日、八月一日、九月九日の祝日に役職のある人々に清酒五合を与えていました。

根室支庁では明治七年十一月に、オムシャなど廃止しました。祝日のもてなしは明治六年六月から一月一日と天長節(天皇誕生日)のみとなり、これも後に廃止されました。

生死手当や老病者に対しては、明治六年から制定された「賑恤規制」によって、和人とおなじように扱われることになりました。

このように開拓使の撫育政策が廃止されるようになったのは独立生活を営ませることが目的でしたが、一面には国防上や経済上からも、和人の入殖が多くなるにつれて、特別扱いするほどの必要がなくなったことを示しているといわれています。

もう一つ重要なことは土地問題です。

昔からアイヌ民族には土地私有の観念はありませんでした。クスリアイヌ・アッケシアイヌ・ネモロアイヌというように、首長を中心として狩猟場の勢力圏があって季節に応じて狩猟をしていました。海や川の漁場も決まっていました。

場所請負人による制約があっても、大地は自分たちの狩猟場として、ある程度山野をかけめぐることはできました。

ところが明治時代になると、明治維新後の農政改革の波に乗って、北海道を「無主の地」とし、天皇の御料地として官有地にすると共に、明治五年開拓使による「地所規制」、明治六年「地租改正条令」が政府による公布により、和人の永住人や寄留人の私有地を定めました。

これによって、今までアイヌ人が自由に漁猟したり、木をきり出していた山野も、私有地をのぞいてすべて官有地となり、自由に出入もできなくなりました。

もともと土地私有観念のないアイヌ人は、戸籍法施行により平民の資格で、和人の永住人同様の取扱いをうけましたが、現在住居している宅地すら取得する心もなく、また取得してもすぐ和人にだまし取られたりしました。

そこで開拓使は明治十年に、「北海道地券発行条例」を定め、その中でアイヌ人の居住地をすべて官有地に編入し、将来アイヌ人に与えることとし、開拓使で保管することにしました。

十三　根室県の救済策

明治十五（一八八二）年二月八日、開拓使を廃止して函館・札幌・根室の三県をおき、十六年一月からは農商務省内に北海道事業管理局を設けた。これを三県一局といい、明治十九年一月二十六日北海道庁が設置されるまでの四か年間、厚岸は根室県の管轄となりました。

開拓使によってアイヌ人の保護政策が廃止された結果、その人びとなどの生活はみじめなありさまになりました。

根室県令の「旧土人救済之儀ニ付伺イ」につぎのように書かれています。

「彼らの生活の状況をみると、前には魚や獣類をとって食料としていた。米などを食料としていたのは、漁業などに雇われている一部の人びとであった。

ところが、この二、三年前から住民が増加し、漁業や狩猟も多くなったので、土人のとる魚や獣類は毎年少くなった。

それに明治十一年の大雪で、シカが少くなり、山中の土人たちは食料がなくなって餓死する者もいる。

食料ですらこのような状況であるから、まして衣類などはほとんど無く、わずかに獣皮を着ているありさまで、児童などは冬の寒い季節でも、ほとんど裸体ですごしている。」

厚岸は漁業従事者が多く、また偉大な指導者太田紋助などもいて、よく協力体制がとれていましたので、他の地域の人びとに比べて、その生活はいくらか良かったと思われます。

根室県ではアイヌ人に対して、農業をすることによって一つはその生計を助け、一つは内陸開発になると考え、五か年間にわたって毎年五千円ずつ、政府から「旧土人撫育費」の下付をうけ、農業に従事させることとしました。

厚岸郡では明治十七年に、三十八戸をベカンベウシ村に入殖させたといわれていますが、その状況は明らかではありません。太田紋助が伍長に任命されて指導にあたったようです。

「根室県管内旧土人救済方法」の規制によりますとつぎのようでした。

・家族の多少により一戸五反から一町歩（五〇a～一ha）を貸与する。
・貸地は無料で、開墾したら本人の私有地とする。
・農具や種子を給与する。
とうぐわ・手ぐわ・かま・ホー・レーキなど各一ちょう
石うすは五戸につき一こ
種子はばれいしょ二俵、そば二升、とうきび二合、ねりまだいこん一合
・各郡から伍長一人を選び代表とする。
・各戸に貸与した開墾地のほかに、二年か三年後に十万坪から十五万坪（三〇ha～五〇ha）を共同開墾地として貸与する。
・西洋農具その他農業技術については、根室種芸試験場で習得させる。
・農業従事中に病気になったら病院で治療する。

そのころの和人との関係はどうだったでしょうか。
和人の商人の中には、アイヌ人の経済についての無知に乗じて、ずいぶん不当な利益を

むさぼっていた者もありました。そのような悪徳商人からアイヌ人を守ろうとして、開拓使以来いろいろな規制を決めていいます。たとえばシカ皮の売買に不正が多かったので、明治十二年に釧路地方土人の七か条からなっている、鹿皮角販売順序を定め、その販売を大蔵省商務局用達広業商会に一任したりして、一手に買入れさせてその不正を取締まるようにしました。

明治十八年五月に釧路郡長宮本千萬樹の根室県庁へ報告した文書をみると、一部商人の悪業がよくわかります。これは釧路のことですが、厚岸でもこれに似たような事があったのではないでしょうか。

「山間土人の借金は釧路ほか内部（川上・阿寒・白糠・足寄）で一万円になっている。この借金のままにしておくと、貸主である奸商らは借金のかたとして、獣をとれば獣を奪い、アッシを織ればアッシを取り、品物の無い時は労力を出させて、網走や十勝地方にまで連れていって働かせる。

あるいは戸数割の税金を納める場合には、かわりに納めるといって、二十銭の税金に対して五十銭のアッシを取ったりする。その他農作物などはすべて借金のかわりとして抜きとってしまう。

ひどい者になると、旧土人の家に泊りこんで、ただで衣食する者までいる。その惨酷乱暴なことは、とてもことばで言い表わすことはできない。」

十四　自立への努力

長く場所請負人の労務者として漁業に従事していましたので、明治三年ごろからコンブ採取のため、自力で海産干場の貸与をうけ、漁業を経営する人もありました。

明治十一年の開拓使事業報告によりますと、十人の人たちがコンブ採取やニシン引網のために、海産干場の貸与を受けています。

そのころのニシン漁業は浜中湾が中心で、厚岸では鹿島万平と渡六助のみでした。渡六助は二か所で引き網を行ない、十六名の漁夫を使って、漁船四隻で操業していました。後に太田内助も二十人の漁夫を雇って、ニシン引き網を行なっています。

厚岸の当時のコンブ採取人は五十三人で、干場は六十一か所でしたが、そのうちアイヌ人は十人で十一か所でした。

コンブの採取はほとんどが一隻のモチプ船を使用し、二人の漁夫が乗って行なっていました。

これらのアイヌ人の漁業がその後も続けられたかどうかはっきりしません。「太田紋助日誌」によりますと、チクシコイ四番地の戸田源蔵所有の干場は、明治十四年に太田紋助が借用していますし、奔渡村六番地の酒井酒六の干場は、明治十九年三月十二日付で、養女ヤエに譲渡されています。

このように何人かは漁業を営んでいたでしょうが、多くは個人の経済力では困難でした。まして干場を新設することは大変な難事業でした。たとえば太田紋助がチクシコイに新設した干場の費用は、人夫延四百五十七人を要し、三百十九円九十銭かかっています。

当時の三百円は今のおかねにするとどのくらいになるでしょうか。人夫賃一日に七十銭ですから、今では五千倍近くになります。

このほか漁業経営のためにも多くのおかねがかかり、広業商会をとおして開拓使から借用したりしています。

漁業のほかに農業などにも努力していますが、これについては、つぎの項で述べます。

十五　先覚者太田紋助

太田村の村名は、屯田兵入地選定に努力した太田紋助の姓をとって名づけられました。また奔渡町に「紋助の沢」と呼ばれているところがありますが、これは紋助の住んでいたところともいわれています。

厚岸町にとってアイヌ人ばかりでなく、産業開発の先覚者として、忘れることのできない人物です。

太田紋助は弘化三（一八四六）年一月十六日、厚岸場所請負人山田文右衛門の番人中西紋太郎と、シラリコトムの子として生まれ、子どものころはサンケクルと呼ばれ、帰俗して和名を門助と称し、後に紋助と改めた。

父の紋太郎は紋助が幼いころ死去し、国泰寺住職香山聞禅師にかわいがられ、八年間寺男として働きました。

この間に、禅師から学問と農業について指導され、佐賀藩領時代に開墾係雇を命ぜられて、アイヌ人のみでなく和人に対しても指導者として、厚岸地方の開墾に努力しました。

明治四年に佐賀藩から開拓使への報告の中で、その開墾成績についてつぎのように報告しています。

「四反九畝一歩　　厚岸郡従前の分
四町九反九畝一歩　午年以来の分」

午年は明治三年ですので、二か年間に約四町五反（約四・五ha）開墾されたことになります。このころは佐賀藩の農業移民がありましたので、その人びとによる開墾が多いと思われますが、紋助がその開墾に「開墾係雇」として指導にあたったことと思います。

また「太田紋助日誌」によりますと、明治四年、イジンネナニで畑二反歩余（約二〇a）を開墾したとありますが、その場所ははっきりしません。

明治十一年に開拓使から「牧畜取扱雇」を命ぜられ、後に駅逓馬の監守人となり、自分でも牧場を経営したりしました。

開墾はその後も続けられました。十四年には奔渡村で千五百坪（約五〇a）、十五年にはニシクリネップで二千五百坪（約八三a）、十七年にはヤマコベツで約二千坪（約六七a）でした。

十八年には伍長となってベカンベウシの開墾を指導したことは、先に述べたとおりです。開墾に努力するとともに、品種の選別や改良にも力を尽くしました。東京駒場農学校秦孝一郎から、牧草の種子をゆずりうけたり、わせウル米やわせモチ米の種子をまいて研究したりしました。

明治初年の佐賀藩農工移民の失敗は先に述べたとおりですが、明治十五年にバラサン山やオソナイ山に入殖した広島移民団も失敗したところに、太田紋助がアイヌ民族の先頭に立って、農業開拓に努めた業績は、その後に続く太田屯田兵村、尾幌の鵜川移民団の開拓に大きな指針となりました。

紋助はまたアイヌ人の漁業経営にも力を尽くし、自ら海産干場を新設したばかりでなく、明治十五年共有干場の貸与をうけるや、「古民組合」を組織して初代組合長となり、漁業経営を指導しました。

そのほか十四年五月五日から商業をはじめたり、十六年からは奔渡村で渡船営業を始め、馬渡し船の新造を行なったりしています。

公職としては十六年から引き続いて三回、松葉町総代に選ばれたりしていますし、明治十二年五月には厚岸朝曦小学校に、金三円を寄付したり、十五年には北見新道の検査にあたるなど、アイヌ民族のみでなく厚岸の代表的人物として住民の信望が厚く、厚岸の生んだ偉大な先覚者でありました。

惜しいかな、明治二十五年四月三日函館出張中に病死しました。まだ四十七才の壮年でありました。

紋助の記念碑はその孫向谷正治の手によって、ゆかりの地太田村二番どおりの墓地に建設されています。

十六　共有地

明治十一年には十名の人びとがコンブやニシンの漁業を営んでいましたが、個人では経営が困難なので、干場を和人に譲渡する者が出てきましたので、太田紋助をはじめ全員の共願で、開拓使から共有として海産干場六か所を譲渡されました。

太田紋助を組合長とする「古民組合」が組織され、「厚岸郡旧土人永代蓄積金規則」を設け、共有者三十六人を六組にわけて、毎年輪番でコンブ採取に従事し、借場料を支払い、郡役所はこれを積立てて「同族救恤資金」にあてようとしました。当初は計画どおり実行されましたが、太田紋助死後は事業が不振となり、借金が多くなったので、和人に貸与するようになりました。ところがしまいには安価で譲渡するようなことになりました。

明治二十八年二月、貴族院での陳述の中に、その経過をつぎのように述べています。

「釧路国厚岸郡等では、現在土人の所有している漁場の価格は一万円以上であるが、ぞうり百そく、食塩十俵などによって、証書を書くようにだまされ、知らず知らずのうちにその証書が漁場譲渡委任状に変ったりしている。」

このような結果から共有財産の管理は古民組合のみにまかせられないということになり、明治三十二年制定された「北海道旧土人保護法」に、北海道庁長官によって管理することができるようになりました。

その後共有地は明治二十年、二十六年、三十五年、三十六年、四十一年、四十三年にそれぞれ増加していきました。この共有地は海産干場のほかに畑地や宅地もありました。

明治四十三年十二月現在の面積などの状況はつぎのとおりです。

海産干場　十二か所　二町七反五畝二〇歩（約二・七五ha）
畑地　九か所　五町一反四畝五歩（約五・一四ha）
宅地　一か所　一反四畝一五歩（約〇・一四ha）

このような共有地が有効に利用されたかどうか明らかでありません。畑地など長い間開墾しないで放置していたため、開墾期限が切れたのを知った和人が貸与願いを出したため、アイヌ人も大さわぎして、再貸与を願ったりしたこともありました。

たとえば明治三十七年に門静で共有地として貸与されていた五百九十四坪（約二〇a）が、貸与期限が切れたので、大竹という人が貸与を出願しました。そこで古民組合でも再貸与願いを出し、両者の間で争われました。

幸い釧路支庁事業手藤田安太郎の調査報告の結果、古民組合に再貸与になりました。

明治二十年代の後半から厚岸湾にニシン建網漁業でにぎわいました。これには大きな資本が必要ですので、商人を主とする仕込親方が漁業を経営するようになり、コンブ漁業もそれら親方の仕込みをうけるようになりました。

アイヌ人は自ら漁業を行なうより、そうした親方に使われて賃金を得ることが多くなりました。これはアイヌ人のみでなく、地元の小漁業者のほとんどが、仕込みをうけるか、雇れるかしていました。

したがって海産干場は和人に貸与されて賃貸契約料金を得るようになり、その収益の中から税金を支払い、残金を医療費補助・生活扶助・教育扶助等にあてるようにしました。

昭和二十三年度から新税法による固定資産税が適用されるようになりました。

共有処の賃貸料金は三か年契約で決められていましたので、昭和二十五年度までは戦前の価格でした。したがって賃貸料は固定資産税より安くなり、その税金の支払いに苦しむようになりました。

昭和二十三年一月一日から二十五年十二月三十一日までの三か年の賃貸料が一万円たらずなのに、固定資産税は二万八千円にもなりました。

二十六年からは賃貸料は時価相場となり五万五千円ほどになりましたが、予想以上に物価が暴騰して税金が高くなり、共有地を持っていることによって「古民組合」の人びとが苦しめられるようになりました。

そこで昭和二十六年十一月十日、三田良吉をはじめ厚岸町に在住する「古民組合」の組合員二十人が、「旧土人共有財産処理委員会」を設立し、北海道知事に対してその窮状を訴え、共有財産を売却してその代金によって近代的な酪農経営を営みたいと陳情しました。その結果昭和二十八年四月十四日委員会に対し、釧路支庁長小野英男から会長三田良吉に対し共有財産引渡書が渡され、委員会の手によって共有財産を処分することになりました。

ところが共有財産の処分には、古民組合全員の承諾を必要としますが、すでに四散して居所不明の者が多く、今でもまだ書類の整備がなされないため、移転登記ができないままになっています。

十七　別寒辺牛村入殖

開拓使以来の和人同化への政策によって、その民族的な生活風習を奪われ、貧困と差別に苦しめられているアイヌ人に対し保護政策をとる必要がおこり、帝国議会でも明治二十六年ごろから問題にされていました。

明治三十二年三月二日法律第二十七号により「北海道旧土人保護法」が公布されました。この法律はアイヌ人の授産・救済・医療・教育・共有財産管理を目的としたものでした。厚岸町ではこの法律によって四十三戸が別寒辺牛村に一戸あたり一万五千坪（約五ha）の農地の貸与をうけ入殖することになりました。

給与地は今の糸魚沢駅の北方の高台で、学校を過ぎてから旧種馬所近くの比較的平坦なところでした。間口百間（約一八〇m）・奥行百五十間（約二七〇m）の土地が八間（約一四・四m）道路東西四本と南北五本とによって分割された三十六区画を中心にしたものでした。明治三十三年五月十日付で許可された戸数三十五戸をはじめ、同年中に四十三戸が入殖することになりました。

今でこそ鉄道があり、国道四十四号線も舗装されて交通も便利になっていますが、当時は鉄道もなく、道路なども昔ながらのふみわけ道でした。もちろん開墾する給与地は密林で背たけ以上もあるクマザサの生い茂る土地でした。

衣食住の給与をうけた太田村の屯田兵ですら苦難をきわめた開墾でしたので、なんらの給与のない人びとの開墾は大変な仕事でした。

給与地の開墾を成功させる期間は一五か年間で大正三年まででしたが、誰も成功する者はありませんでした。その後期間を延長してもらって、昭和三年に十二名、昭和五年に二名、十一年に二名、十二年に一名、その他一名、それから一部分成功が一名で、合計一九名が成功して土地を下付されました。したがって二十四名の人びとは没収されてしまいました。

なお没収された人の中で再交付を願って成功した人は八名おりますので、全部で二十七名が土地を下付されたことになります。その中で一番最後に下付された人は昭和三十二年でした。

なお成功して土地を下付されましたが、太平洋戦争後の農地改革で、不在地主として土地を農林省に買収された人は五名おります。

昭和二年四月十五日に給与地の奥地の高地に土佐団体十七戸が、一戸あたり三百円の補助金をもらって入殖しました。プラオを使った馬耕で開墾したりしましたが、昭和六・七年の大凶作などのため、十二年には三戸のみとなりました。

昭和年代の和人の補助移民ですらこのような状態ですから、補助のほとんど無かったアイヌ人の入殖は困難だったと思われます。したがってアイヌの人たちが直ちに入殖したのではなく、一時的に仮小屋を建設して入地し開墾を進めていったようです。また特別の営農指導が行なわれたようでもありません。

大正六年十二月の釧路新聞に、菊地若松が旧土人十余戸を居住させて営農指導をしたと報じていますので、成功期限が延長になってから、本格的に開墾に努める人びともいたのでしょう。

同じく昭和六年十月十六日の釧路新聞に、「厚岸町には二十六戸の旧土人あって、互助組合を組織し…」と書かれ、社会課主任土谷書記が八雲に出張して、牝牛二十一頭を購入し、一頭ずつ配給したといわれます。

このころから釧根地方の農業は、畑作中心から酪農中心へと転換していきましたので、給与地でも牛を飼うようになったのでしょう。

住宅の新築補助も、昭和十二年度五戸、十三年度五戸が報ぜられています。

昭和二十三年四月三十日に釧路支庁長木村伊三郎に出された衣料品配給の陳情書に、十五戸の者が一戸平均四・五頭の牛を飼って酪農経営を行なっている苦労が述べられています。

二十七戸が給与地の下付をうけましたが、実際に営農を続けたのは十五戸たらずでした。のこりの人はその土地を他へ貸していたことになります。旧土人は保護法によって他人へ譲渡はできませんが、賃貸することはできました。

昭和六年ごろからだんだん酪農にきりかわってきましたので、五町歩の農地ではどうにもなりません。まして太平洋戦争後の農地改革によって、釧根地帯の酪農業はすくなくも二十町歩

（約二〇ha）を必要としました。高度酪農になってからは四十町歩（約四〇ha）といわれています。五町歩の給与地のみではどうにもならなくなりました。だんだんと離農する者が出てきて、今では三戸になってしまいました。しかし給与地は売却することができませんので、借用の形で利用されています。

十八　消え失せた人びと

明治四十一年と大正六年のアイヌ人の人口をみると、つぎのようです。

年	男人口	女人口	計	戸数
明治四一	七〇人	七一人	一四一人	五一戸
大正　六	六一〃	六四〃	一二五〃	四九〃

それが昭和十年には二十三戸で七十六人となり、二十七年には男十七人、女十一人で計二十八人、戸数七戸になりました。それ以後は厚岸町で統計に出していません。

二十七年の七戸の人びとも和人との混血で、ほとんど外見上では見分けがつきません。この七戸はすべて別寒辺牛村の給与地で、農業を営んでいる人たちのみですから、他には居住していないことになります。

明治当初は海岸近くに住んでいた人びとも、明治十五年から二十年ごろにかけて、宅地の貸与により松葉町に住む人が多くなりました。

「別寒辺牛村入殖者の台帳によると、明治三十三年当時の本籍地は、松葉町二十六戸、若竹町五戸、奔渡町四戸、真竜村七戸、別寒辺牛村一戸となっています。

明治から大正年代にかけてニシン漁の盛んだったころは、漁業親方に雇われて漁業に従事し、大正の末期から昭和二十四・五年ごろにかけて、厚岸に残った人びとは農業開拓に死力を尽くし、酪農経営の基礎づくりに汗涙を流し、ついに太平洋戦争後の高度酪農の犠牲となって脱落し、戦後開拓者の多くの人がたどった同じ道をすすんだと思われます。

厚岸に先祖以来息吹いてきたアイヌ人の姿は、ほとんど見ることができません。

江戸時代から伝わっている「アイヌかぐら」が別寒辺牛村の人びとによって復活しました。このアイヌかぐらは南部の人によって厚岸に伝わり、若竹町にある大山祇神を祭る神社に安置している獅子を、正月二日から厚岸神社前で奏し、ついで町内を舞い歩いたといわれ、最後にカキ島で終ったといわれています。

この獅子舞はアイヌ人によって奏せられたので、「アイヌかぐら」といわれましたが、大正五年後は中絶していましたが、昭和十年ごろに三田嶺作や山川市太郎・太田市三郎らの指導で復活しました。

しかし、その後も中絶されていましたが、最近復活しています。だが「アイヌかぐら」を奏する人たちは変ってしまいました。

二百年近くアイヌ人によって奏せられてきた獅子面はそれをどう感じているでしょうか。日本のどこかに今だに偏見と差別の目にかこまれながら、ひっそりと生活しているアッケシアイヌの血をうけた人びとよ。

その偏見の目を堂々と見返して、大手をふって祖先の眠る厚岸を訪ずれてほしい。

この厚岸の地こそはあなた方の祖先の切り開いた大地であり、その精神の躍動した世界である。

わたしたちはあなたたちと同じように、厚岸に生をうけ、厚岸に育つものである。

共に手をとり肩をたたきあって久闊をいやしたい。

あなた方の祖先が、チャアラケをとない久しぶりの「対面」の礼をしたように。

西暦	年代	主要事項
一三五六	正平一一	諏訪円忠の「諏訪大明神絵詞」なる。
一四四一	嘉吉年間	道南海岸に十二館なる。
一四五七	長禄　元	コシャマインの戦い
一六〇四	慶長　六	松前慶広　徳川家康より黒印の制書をうけ、幕藩体制下にはいる。
一六〇九	〃　一一	徳山を福山と改称　このころより砂金採取盛んとなる。
一六二四 〜四三	寛永年間	松前藩　アッケシ場所開設。
一六四三	〃　二〇	オランダ船カストリクム号厚岸湾入港　薪水を求める。
一六六九	寛文　九	シャクシャインの戦い
一六七一	〃　一一	クスリ・アッケシ・ノシャップのアイヌら松前藩主に起請文をさし出す。
一七一六 〜三五	享保年中	南部の商人辻文右衛門、厚岸山中から帆柱用の良材を伐採して江戸へ送る。
一七五〇	寛延　三	飛騨屋久兵衛、厚岸山中より木材伐採する。
一七七四	安永　三	飛騨屋久兵衛、厚岸場所請負人となる。
一七七九	〃　八	ロシア船チクシコイにきたりて交易を求め、松前藩吏が国禁を説き食料を与えて帰す。

一七八九	寛政　元	クナシリ・メナシの戦い。請負人飛騨屋久兵衛免ぜられ、村山伝兵衛請負人となる。
一七九〇	〃　二	最上徳内「蝦夷草紙」を著わす。
一七九一	〃　三	幕府アッケシ・キリタップ・クナシリ場所で救済交易。最上徳内神明社創建、運上屋改め会所となる。
一七九八	〃　一〇	近藤重蔵、神明社改修する。
一七九九	〃　一一	東えぞ地幕府直轄となる。アッケシ・ノコベリベツに通行屋を設く。場所請負人を廃止。
一八〇二	享和　二	アッケシ―アッシベツ間道路開設。
一八〇四	文化　元	幕府えぞ地鎮護のため、三官寺建立。厚岸国泰寺・有珠善光寺・様似等澍院。
一八〇七	〃　四	ロシア人エトロフに東寇、南部藩兵百三十人厚岸に来て北辺を守る。
一八〇八	〃　五	仙鳳趾―厚岸間道路開設。厚岸―オソシベツ間道路補修。
一八〇九	〃　六	丹羽鑑次郎「悪消場所大概書」発表
一八二一	文政　四	東えぞ地再び松前藩領となる。
一八三一	天保　二	ウライネコタンで夷国船と戦う。
一八四三	〃　一四	厚岸沿岸に大地震と大津波あり、家屋流出七十五戸、船破損六十一隻、死者四十五人。
一八四四	〃　一五	厚岸に台場を築き、大砲三門を備う。フランス船バラサン付近に来航、燃料・食料を得て出帆。

西暦	年代	主要事項
一八四六	弘化　三	疫病流行し、翌年までにアイヌ人死亡百五十四人に達する。
一八五〇	嘉永　三	英捕鯨船末広沖で難破し、乗組員全員救助。
一八五五	安政　二	東えぞ地再び幕府直轄となり、箱館奉行の管轄となる。
一八五八	〃　五	松浦武四郎　納沙布日誌を著わす。
一八五九	〃　六	厚岸は仙台藩に賜わり、同藩は陣屋を設ける。
一八六一	文久　元	大内余庵「東蝦夷夜話」を著わす。
一八六七	慶応　三	幕府大政奉還して王政復古となる。
一八六九	明治　二	開拓使設置。北海道と改め十一国八十六郡をおく。厚岸郡佐賀藩に賜わる。榊富右衛門漁場持となる。佐賀藩移民、榊富右衛門による移民。
一八七一	〃　四	佐賀藩分領廃止し開拓地直轄となる。
一八七二	〃　五	根室出張開拓使庁厚岸海関所を設置（後に根室出張所は開拓使根室支庁となる）
一八八二	〃　一五	開拓使廃止、共有地設けられ古民組合を作り太田紋助組合長となる。三県一局制。
一八八四	〃　一七	ベカンベウシ村に三十八戸入地し、太田紋助伍長となり農業開拓。
一八八六	〃　一九	三県一局制廃止し北海道庁となり、道庁直轄となる。
一八九〇	〃　二三	太田屯田村設置、四百四十戸入殖。

一八九一	〃 二四	厚岸郡役所は釧路郡役所に併合され、湾月町外三町七村戸長役場設置。
一八九九	〃 三二	北海道旧土人保護法施行により、ベカンベウシ村に四十三戸給与地貸与をうけ入殖。
一九三二	昭和一二	同法改正され特殊な保護は廃止される。
一九五三	〃 二八	北海道旧土人共有財産処理委員会設置。

参考文献

アイヌ政策史（高倉新一郎）
日鑑記（厚岸町立研究所編）
〃　〃（釧路市史編纂委〃）
厚岸町史資料政治・行政（北風一憲）
釧路新聞記事（釧路　図書館蔵）
厚岸の史実（厚岸町役場）
太田の歴史（〃）
厚岸関係土地台帳（釧路支庁）
厚岸旧土人給与地及共用地関係書類（釧路支庁）
釧路市史
根室市史
釧路川（釧路市史編纂委）
北海道史
開拓使日誌（北海道庁）
開拓使事業報告（〃）
漁業権台帖（〃）
北海道アイヌ人口史（北海道経済史料）
シンポジウム　アイヌ（北大図書刊行会）
アイヌ民族抵抗史（新谷　行）
アイヌと考古学（名取武光）
アイヌ（奥山亮）
近代民衆の記録アイヌ（谷川健一）
伊万里県報告書（北海道庁）
アイヌのユーカラ今昔（豊岡キイチ）
アイヌの歴史（三好文夫）
釧路関係日記古文書集（釧路叢書）

それに三田良吉氏の談話を参考としました。

編集者経歴

明45・6・3　宮城県に生る
昭7・3　旭川師範学校本科一部卒
昭7・3　鶴居村幌呂尋常小学校訓導
昭12・3　釧路鳥取尋常高等小学校訓導
昭14・2　厚岸町苫多尋常小学校長
昭19・5　厚岸町青年学校教諭
昭22・3　厚岸町青年学校長
昭22・5　厚岸町立太田中学校長
昭30・5　標茶町立磯分内中学校長
昭36・5　阿寒町立雄別中学校長
昭40・4　標茶町立塘路小中学校長
昭45・4　厚岸町立上尾幌中学校長
昭48・3　退職　現在に至る

編集後記

昨年中学生の社会科・国語または文化クラブ用と思い、子ども向きの「あっけしのアイヌ」をプリントして授業しましたところ、新聞記事となりまして、送付依頼の便りをいただき、今回ようやく再プリントしましたので、製本次第ご送付したいと思います。

授業十時間程度の小冊子ですので粗末なものですがご笑覧ください。

昭和四十九年三月

編集者

北海道川上郡標茶町塘路七　佐藤　保治

アイヌ神楽

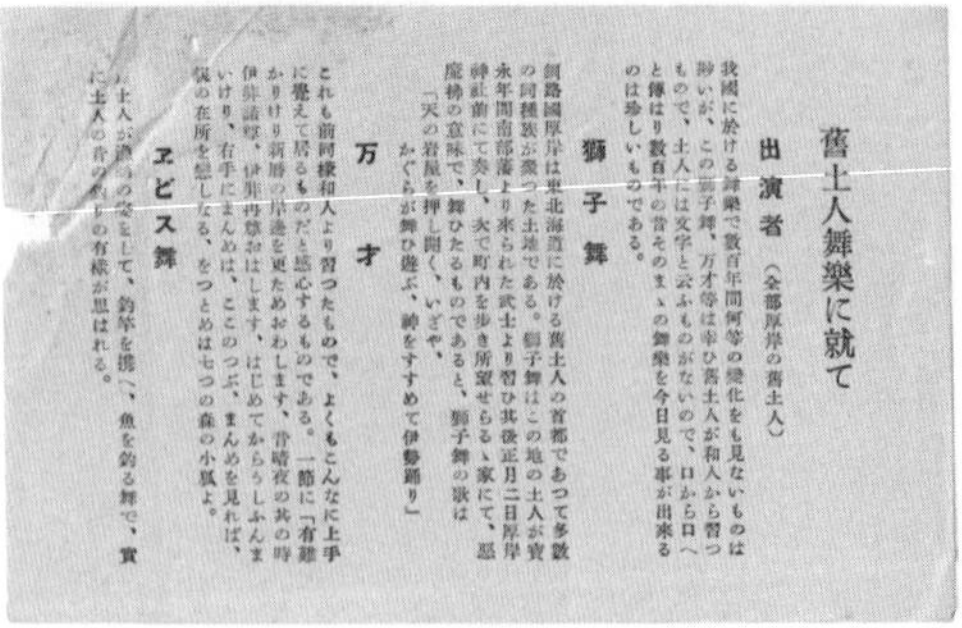

舊土人舞樂に就て

出演者（全部厚岸の舊土人）

我國に於ける舞樂で數百年間何等の變化をも見ないものは尠いが、この獅子舞、万才等は幸ひ舊土人が和人から習つたもので、土人には文字と云ふものがないので、口から口へと傳はり數百年の昔そのまゝの舞樂を今日見る事が出來るのは珍しいものである。

獅子舞

釧路國厚岸は東北海道に於ける舊土人の首都であつて多數の同種族が衆つた土地である。獅子舞はこの地の土人が寛永年間南部藩より來られた武士より習ひ其後正月二日厚岸神社前にて奏し、次で町内を歩き所望せらるゝ家にて、惡魔拂の意味で、舞ひたるものであると、獅子舞の歌は

「天の岩屋を押し開く、いざや、
かぐらが舞ひ遊ぶ、紳をすすめて伊勢踊り」

万才

これも前同樣和人より習つたもので、よくもこんなに上手に覺えて居るものだと感心するものである。一節に「有難かりけり新勝の岸邊を更ためおわします、昔晴夜の共の時伊非諾尊、伊非再尊おはします、はじめてからうしふんまいけり、右手にまんめは、ここのつぶ、まんめを見れば、猴の在所を戀しなる、をつとめは七つの森の小狐よ。

ヱビス舞

土人が漁の姿をして、釣竿を携へ、魚を釣る舞で、實に土人の昔の有樣が思はれる。

「舊土人舞樂しおり」

国泰寺（北海道厚岸町）

提供：厚岸町教育委員会

弔魂のことば

由来厚岸は　美しい自然と資源に恵まれ　あなた方の楽土であった　然るにその後進出した和人支配勢力の飽くなき我欲により財宝を奪われ　加えて苛酷な労働のために一命を失うものすら少なくなかったと聞く　けだし感無量である

我等はいま先人に代って　過去一切の非道を深くおわびすると共に　その霊を慰めんがため　このたび心ある人びとと相計り　東蝦夷発祥のこの地へ　うら盆に弔魂の碑を建てる

一九七七年八月一五日

アイヌ民族弔魂碑建立委員会

編集後記

釧路アイヌ文化懇話会会長　山本　悦也

このたび、佐藤保治先生が中学校補助教材として発行された『厚岸のアイヌ』（昭和四十九年）をご遺族、小野郁子様の許可を得て、四十六年ぶりに復刻することができた。深く感謝申し上げたい。

かつて厚岸アイヌは、道東において一大勢力を持っていた。「クナシリ・メナシの戦い」（一七八九年）の後、『夷酋列像』として描かれた十二人のうち、五人は厚岸アイヌ（イコトイ・シモチ・イニンカリ・ニシコマケ・チキリアシカイ）である。一八〇九（文化六）年には、八七四人（男四一九人、女四五五人）のアイヌの人々が厚岸の地に生活をしていた。

厚岸町には、今もアイヌ語に由来する地名がたくさん残っている。観光地として有名な愛冠岬のアイカップは「〜できない」という意味である。「昔合戦があったとき、この岬の上の軍勢に矢を射かけたが、どうしても当たらなかった」（松浦武四郎『納沙布日誌』丸山道子訳）という伝説がある。

この本を読むといかに先住民のアイヌの人々が和人に不当に扱われていたか、知ること

ができる。交易品の価値を比較して、

「カキのむき身二斗（三十kg）で、清酒一升か下帯一本がやっと買える」「女の人がいく日もかかって織ったアッシ十枚で、ももひき一足の交換でした」

『厚岸のアイヌ』をとおして、北海道の先住民の苦難の歴史を少しでも理解していただければ幸いである。

最後に序文（解説）を書いていただいた大野徹人氏、藤田印刷社長、藤田卓也氏に厚くお礼申し上げる。

厚岸のアイヌ　復刻版（改訂版）

2021年８月30日　第３刷発行

著　者　佐藤 保治
発行人　藤田 卓也
発行所　藤田印刷エクセレントブックス
〒085-0042　北海道釧路市若草町３－１
TEL 0154-22-4165　FAX 0154-22-2546
印刷所　藤田印刷株式会社

ISBN 978-4-86538-109-2 C0039

本書は（公財）アイヌ民族文化財団の2020年度出版助成によって発行されたものを増刷しました。